지속가능한 세상을 위한 똘배 이야기

지속가능한 세상을 위한 청소년 시리즈 03

통계 이야기
: 통계가 보는 것, 보지 못하는 것

초판 1쇄　　　　2022년 6월 30일
초판 3쇄　　　　2023년 11월 27일

지은이　　　　　박재용

편집　　　　　　김영미
디자인　　　　　design KAZ
제작　　　　　　공간

펴낸곳　　　　　이상북스
출판등록　　　　제313-2009-7호(2009년 1월 13일)
주소　　　　　　10546 경기도 고양시 덕양구 향기로 30, 106-1004
전화번호　　　　02-6082-2562
팩스　　　　　　02-3144-2562
이메일　　　　　klaff@hanmail.net

ISBN　　　　　　978-89-93690-90-3 (43300)

지속가능한 세상을 위한

박재용 지음

통계
이야기

: 통계가 보는 것, 보지 못하는 것

이상
북스

처음 이 책을 의뢰받았을 때 대략 생각했던 것은 '먼저 통계와 확률의 기본 지식을 펼쳐 놓고 다음으로 과학에서 통계와 확률이 어떻게 쓰이는지 살펴보자. 마지막으로 우리의 삶과 사회에 대해서도 통계와 확률로 다가가 보자'는 것이었습니다. 그런데 통계와 확률에 대한 다른 책들과 중등 교과 과정을 살펴보면서 수학적 지식에 대한 부분은 조금 덜어 내도 되지 않을까 생각했습니다. 대신 통계의 주요한 개념을 실제 사례를 통해 녹여 내는 것이 더 중요하겠다고 판단했습니다.

또 이 책의 제목에서 '지속가능한 세상을 위한'이란 문구에 자꾸 눈이 갔습니다. 지속가능한 세상은 혼자만 잘 사는 세상이 아니라 사회 구성원 전체가 서로의 다양성을 이해하고 인정하는 바탕 위에 더 평등하고 더 올바른 방향으로 힘을 모으는 세상이란 생각이 들더군요.

이를 위해 우선 우리 각자가 다른 이들의 삶이 어떠한지 통계를 통해 살펴볼 필요가 있겠다고 생각했습니다. 그리고 우선 많은 사람들이 모여 사는 사회에서 나의 짧은 경험과 학습으로 만들어진 편견들이 왜 잘못되었는지를 살펴보는 것부터 시작해야겠다고 마음먹었습니다. 소외받고 차별받는 이들에 대해 좀 더 자세히 통계로 살펴보는 것도 중요하겠다고 여겼습니다. 우리 모두가 좀 더 안전하고 행복한 삶을 살기 위한 방법을 통계를 통해 들여다보고 싶었습니다.

이 과정에서 통계적으로 중요한, 또 우리 각자의 삶에서도 유익할 범주화의 오류나 기저율의 오류, 상관관계와 인과관계 등 중요한 통계 개념들을 적절히 설명하고자 했습니다. 마지막으로 통계를 통해서만 세상을 바라본다면 구체적 인간의 개별적 삶이 주는 울림은 전해지기 어려울 수 있으므로, '통계가 보지 못하는 것'에 대해 짧은 이야기들을 여러 군데 담았습니다.

이제 '지속가능한 세상을 위한 통계 이야기'를 시작해 볼까요?

2022년 6월
박재용

3장   통계로 사회 읽기

4장   지속가능한 세상을 위한 통계

- 본문 이해를 위해 필요하다고 판단한 경우에만, 맨 처음에 나올 때 로마자나 한자를 병기했다.
- 책제목은 《 》, 정기간행물과 인터넷 매체, 영화는 〈 〉, 논문·노래·시·기사 제목 등은 " "로 표시했다.
- 설명이 필요한 용어 중 간략한 것은 괄호 안에, 조금 긴 것은 따로 용어 설명 박스를 두어 설명했다.

1장

통계와 확률의
다양한 개념

1

'확률형 아이템'에 속지 않기
독립시행

여러분은 게임을 좋아하나요? 저는 젊어서는 컴퓨터로 하는 전략시뮬레이션게임을 좋아했는데 요사이는 모바일 전략시뮬레이션게임을 주로 합니다. 그런데 게임을 하다 보면 갖고 싶은 아이템들이 생깁니다. 그것을 얻으려면 게임머니(게임 내에서 통용되는 화폐)가 있어야 하고요. 그런데 어렵게 게임머니를 모아 이를 사려고 해도 그냥 주질 않습니다. 꼭 뽑기를 하게 하지요. 예전에는 내가 원

전략시뮬레이션게임

게임을 하는 사람의 전략적 의사 결정이 게임의 결과에 큰 영향을 미치는 게임의 한 종류.

하는 아이템을 뽑을 확률이 얼마인지도 모른 채 뽑기를 했습니다. 그래서 게이머들이 시위를 하고 사회문제가 되기도 했지요. 요사이는 그래도 확률이 얼마라고 공개되어 있으니 그나마 나은 편입니다.

표시된 확률과 실제 확률

그런데 이 표시된 확률과 우리가 실제로 느끼는 확률 사이에는 차이가 있습니다. 표시된 확률대로 뽑히지 않는다고 느껴지는 거죠. 이 느낌과 표시된 확률의 차이를 계산해 보면 단순한 느낌이 아니라는 것을 알게 됩니다. 실제로 차이가 납니다. 가령 뽑을 확률이 20%인 아이템이 있다고 해 봅시다(실제로는 이 정도로 높은 확률 아이템은 별로 없지요. '고렙'高level으로 가면 쓸 만한 아이템의 확률은 0.1%보다 낮은 경우도 엄청 많습니다만, 계산하기 편하게 20%로 합니다). 언뜻 다섯 번에 한 번은 뽑을 수 있겠다는 생각이 듭니다. 한 번에

20%니까 다섯 번 뽑기를 하면 20×5해서 100%가 되니까요. 그런데 실제 확률을 계산해 보면 그렇지 않습니다.

일단 이 경우 한 번 시행할 때 뽑을 확률은 1/5이고 뽑지 못할 확률은 4/5입니다. 아이템 뽑기를 다섯 번 했을 때 내가 원하는 아이템이 나올 확률을 계산해 보죠. 전제가 있습니다. 이 아이템은 하나만 필요하므로 그걸 얻으면 다시 뽑기를 하지 않는다는 겁니다. 만약 여러분이 첫 번째에서 뽑으면 그걸로 뽑기를 그만두는 거죠. 두 번째나 세 번째 혹은 네 번째에서 뽑아도 마찬가지입니다.

첫 번째에서 뽑을 확률은 1/5이므로 0.2, 20%입니다.

두 번째에서 뽑을 확률은 첫 번째에서 뽑지 못할 확률과 두 번째에서 뽑을 확률을 곱해야 합니다. 첫 번째에서 뽑지 못할 확률은 4/5고 두 번째에서 뽑을 확률은 1/5이니, 곱하면 4/25라서 0.16, 즉 16%가 됩니다.

세 번째에서 뽑을 확률은 첫 번째와 두 번째에서 뽑지 못할 확률과 세 번째에서 뽑을 확률을 모두 곱해야 합니다. $4/5 \times 4/5 \times 1/5 = 16/125$이므로 0.128, 즉 12.8%입니다.

네 번째에서 뽑을 확률도 마찬가지로 계산하면 64/625로 0.1024, 즉 10% 조금 넘습니다.

다섯 번째에서 뽑을 확률은 256/3125로 0.08192, 즉 8% 조금 넘는 확률입니다.

이 다섯 개 확률을 모두 더하면 0.67232로 대략 67%입니다. 즉 다섯 번 연속 뽑기를 했을 때 그 아이템을 가질 확률은 70%가 되지 않는 거죠.

여섯 번째는 0.065536, 약 6.5%이고 일곱 번째는 0.0524288, 5% 정도입니다. 이 둘을 더해도 아직 80%가 되질 않습니다. 따라서 다섯 번 정도 뽑기를 하면 하나를 얻을 수 있으니 괜찮겠다고 생각하고 뽑기를 한 사람이 열 명이면 그중 세 명은 하나도 뽑지 못하고 씩씩대야 하는 거죠. 여러분도 대략 체감으로 알고 있을 겁니다. 그래서 확률이 20%라고 하면 일곱 번 정도는 뽑을 수 있을 만큼 게임머니를 벌어 놓고 뽑기를 시작해야 합니다. 아이템이 더 간절한 이들은 아예 열 번 뽑기를 할 수 있을 만큼 게임머니를 모아 놓고 시작하는 경우도 있고요. 제가 그렇습니다.

게임에서 이런 뽑기와 같은 것을 독립시행이라고 합니다. 즉 앞에서 뽑기를 한 것이 그다음 뽑기에 영향을 미치지 않는다는 뜻이지요. 주사위를 연속해서 던지는 것이 이런 독립시행의 대표적

독립시행

'주사위 던지기'처럼 같은 조건에서 반복할 때 매번 결과가 달라질 수 있는 관찰이나 실험을 시행이라고 한다. 독립시행은 시행마다 특정 결과가 나올 확률이 변하지 않는 것으로, 이전 시행이 다음 시행의 확률에 영향을 주지 않는 시행이다.

지속가능한 세상을 위한 통계 이야기

예입니다. 주사위를 던질 때 1의 눈이 나올 확률은 1/6입니다. 그래서 여섯 번을 던지면 한 번 정도는 1의 눈이 나와야 한다고 생각하기 쉽습니다. 그런데 앞에서의 계산처럼 해 보면 1의 눈이 한 번도 나오지 않을 확률이 33.4%나 됩니다.

그러면 1의 눈이 나올 확률이 1/6인 것이 잘못된 것인가 생각할 수 있지만 그렇지는 않습니다. 지금 우리가 이야기한 것은 1의 눈이 한 번 나오는 것과 아예 나오지 않은 것만 이야기한 것이죠. 하지만 1의 눈이 두 번 나올 수도 있고 세 번 나올 수도 있습니다. 이렇게 1의 눈이 아예 나오지 않을 확률부터 1의 눈이 여섯 번 다 나올 확률까지 계산하면, 전체적으로 1의 눈은 1/6의 확률을 따릅니다.

그런데 앞서 살펴본 것처럼 아이템 자체가 하나만 필요한 경우라면 두 번 이상 나올 확률은 의미가 없습니다. 그래서 단 하나만 필요한 아이템의 경우 그 확률이 20%라고 하더라도 일곱 번이나 여덟 번쯤 뽑기를 해야 겨우 하나 나올까 말까라고 느끼게 됩니다. 물론 게임을 운영하는 회사는 이미 이런 사실을 알고 있고, 이를 교묘하게 이용해 더 큰 수익을 올리는 것입니다.

도박사의 오류

이런 독립시행과 관련하여 사람들이 자주 범하는 오류를 '도박사의 오류'라고 합니다. 가령 주사위 던지기에서 두 번 연속해 1이 나왔을 때 '계속 1이 나오니 다음에도 1이 나올 거야'라든가 '1이 연속으로 나왔으니 다음에는 1이 나오지 않을 거야'라고 생각하는 것이 전형적인 도박사의 오류입니다. 앞에서 1이 몇 번 나왔건 다음 주사위를 던질 때 1이 나올 확률은 언제나 1/6이기 때문입니다.

그런데 게임에서 뽑기 아이템을 얻으려 할 때 이런 오류를 범하는 이들이 있습니다. 어떤 고급 아이템이 나올 확률이 굉장히 낮을 때, 비교적 값이 싼 다른 아이템 뽑기를 먼저 해서 실패를 많이 하고 난 뒤 고급 아이템 뽑기를 하는 것이죠. 값이 싼 아이템이라고 하더라도 확률이 50%가 되는 경우는 별로 없고 대부분 10% 미만이니 실패가 많이 나오는 건 당연합니다. 하지만 앞에서 실패가 누적되었다고 뒤에 뽑는 확률이 올라가는 게 아닌 것이 함정이지요.

이런 도박사의 오류를 이용해 돈벌이를 하는 어른들이 있습니다. 바로 로또 복권의 비밀을 알려 준다는 사람들입니다. 이들은 지금까지 당첨된 로또 번호 목록을 훑어서 당첨 번호 중 한두 개는 다음번에도 나타나는 걸 보고 일정한 규칙을 발견했다고 주장합니다. 그리고 이를 분석해 '황금 번호'를 제시하죠. 독립시행의

지속가능한 세상을 위한 통계 이야기

규칙을 완전히 무시한 것이지요. 앞선 로또의 당첨 번호가 무엇이었냐는 다음번 로또에서 어떤 번호가 나타나는지와 완전히 무관한 것이니까요.

사실 게임머니를 더 많이 지불하더라도 확률형 아이템보다는 확정형 아이템을 제공하는 것이 더 공정하고 명확합니다. 하지만 게임을 운영하는 기업 입장에서는 확률형 아이템이 더 많은 이윤을 제공하니 이를 이용합니다. 100만 원에 사야 할 아이템이라면 구입을 망설이는 이들이 많지만, 1만 원에 1% 확률이라면 뽑기를 시도하는 사람들이 많기 때문입니다. 더구나 독립시행이라서 여전히 확률로 보면 한 번에 1만 원씩 100번을 해도 해당 아이템을 구하지 못하게 되어 더 많은 돈을 지불하는 이들이 생기는 것이고요.

수학 시간에나 배우고 끝날 것 같은 '확률'이 사실 이렇게 우리 일상에 가까이 있는 거죠. 더구나 우리가 생각하는 것과 조금 다른 식으로 작용하기도 하고요. 일상에서 나타나는 확률에 대해 좀 더 알아보도록 합시다.

같이 이야기해 봅시다!

게임회사가 확률형 아이템을 고집하는 이유는 하나가 아니라 여러 가지입니다. 이를 찾아보고, 게임을 하는 사람(유저)의 권리와 충돌하는 부분에 대한 개선책을 이야기해 봅시다.

2

제비가 낮게 날면 비가 온다
상관관계와 인과관계

'제비가 낮게 날면 비가 온다'는 속담이 있지요. 요즘엔 도시에서 제비를 보기가 힘들어 실제로 그런지 확인하기 힘들지만, 선조들이 확인한 사실입니다. 항상 그런 건 아니지만 제비가 낮게 날면 비가 올 확률이 그렇지 않을 때보다 높더라는 걸 경험으로 안 거죠. 날씨와 관계되어 '거미가 줄을 치면 날씨가 좋다'는 속담도 있습니다.

날씨의 상관관계

비와 제비, 맑은 날과 거미는 어떤 관계가 있는 걸까요? 제비는 하루살이나 나비, 벌 등 날아다니는 곤충을 잡아먹는 새입니다. 따라서 이들 곤충이 높이 날면 제비도 따라서 높이 날고, 이들이 낮게 날면 제비도 낮게 나는 거죠. 그런데 이 곤충들이 나는 높이는 기압과 관련이 있습니다. 고기압에서는 높게 날고 저기압에서는 낮게 납니다. 사람 눈에 곤충이 나는 높이는 잘 보이지 않습니다. 대신 저기압일 때 곤충을 쫓아 낮게 나는 제비가 보인 거죠. 학교에서 배웠듯이 저기압에선 상승기류가 일어나고, 이에 따라 구름이 생길 확률이 높습니다. 구름이 생기면 비가 올 확률도 높아지지요. 결국 제비가 낮게 날게 된 건 그 이유를 쫓아가 보면 저기압 때문입니다. 비가 오는 것도 그 이유를 쫓아가 보면 저기압 때문이고요. 둘 다 같은 이유로 일어나는 것이니 한쪽 상황이 나타나면 다른 쪽 상황도 나타날 확률이 높아지는 거죠.

거미와 맑은 날도 마찬가지입니다. 거미는 주로 기압이 높을 때 거미줄을 칩니다. 저기압에선 비가 올 확률이 높으니까 곤충도 잘 날아다니지 않고 비를 피해 한곳에 가만히 머물 확률이 높기 때문입니다. 그리고 고기압에선 하강기류가 나타나니까 구름이 생길 확률이 낮지요. 결국 거미와 맑은 날 또한 둘 다 고기압이 원인이니 같이 나타날 확률이 높은 것입니다.

이렇게 둘 사이에 한쪽이 일어나면 다른 쪽 현상이 나타나거나 반대로 나타나지 않을 확률이 다른 경우보다 높을 때 이를 '상관관계'라고 합니다. 속담이나 속설은 바로 이런 현상을 경험한 사람들이 남긴 것이지요. 하지만 상관관계가 있다고 바로 상관관계 중 한쪽이 다른 쪽의 원인이 되는 '인과관계'가 되진 않습니다. 살펴본 것처럼 둘은 동일한 원인에 의한 결과이지 어느 한쪽이 다른 쪽의 원인이 아니기 때문입니다.

소득 수준과 범죄율

현대의 통계에도 이런 일이 자주 있습니다. 상관관계는 있지만 인과관계가 아닌 경우죠. 이것을 악용해 마치 인과관계인 것처럼 속이는 일도 있습니다. 대표적인 것이 인종과 관련된 편견입니다. 가령 '흑인은 범죄율이 높다'라는 속설이 있습니다. 꼭 속설이라고도 할 수 없는 것이 실제로 많은 인종주의자가 이런 주장을 하고 있지요. 또 우리가 보는 미국 영화 중 상당수가 범죄자는 흑인으로, 피해자는 백인으로 묘사하곤 합니다. 그런데 이는 사실일까요? 네, 사실입니다. 미국연방수사국[FBI]에 따르면 2019년 전체 살인의 55.9%를 아프리카계 미국인(흑인)이 저질렀습니다. 아프리카계 미국인의 범죄율은 백인보다 약 8배 높습니다. 그렇다면 흑인이라는 것이 범죄율이 높은 것의 원인일까요?

그렇지 않습니다. 연구에 따르면, 범죄율은 소득 수준과 관련이 더 깊습니다. 범죄율은 소득이 높을수록 낮아지고, 소득이 낮을

수록 높아집니다. 이는 주변 환경과도 관련이 깊습니다. 범죄 피해자들의 통계를 보면, 고소득층에 비해 저소득층이 범죄 피해자가 되는 비율이 3배 이상 높습니다. 그리고 저소득층을 향한 범죄 대부분은 저소득층이 주로 사는 지역인 할렘에서 일어납니다. 피해자와 가해자 모두 저소득층인 경우가 많은 거죠. 실제로 같은 흑인이라도 고소득층이나 고소득층이 주로 사는 지역의 흑인은 범죄율도 범죄 피해율도 낮습니다. 백인도 마찬가지로 고소득층

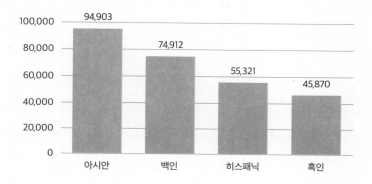

〈도표 1〉 **인종별 중위 가구 소득 금액(기준: 달러)**

은 범죄율이 낮고 저소득층은 범죄율이 높지요.

그런데 미국의 경우 〈도표 1〉에서 보는 것처럼 흑인의 소득 수준이 백인보다 상당히 낮습니다. 즉 저소득층에 속하는 비율이 백인에 비해 흑인이 훨씬 높은 것이지요. 이는 흑인보다는 소득 수준이 높지만 백인보다는 낮은 히스패닉계 또한 범죄율이 높은 이유를 설명합니다.

이는 다른 나라와의 비교를 통해서도 확인할 수 있습니다. 〈도표 2〉는 2018년 OECD 각 국가의 10만 명당 살인 비율이고, 〈도표 3〉은 OECD 각 국가의 지니계수입니다. 지니계수는 소득이 얼마나 불평등한지를 보여 주는 것으로, 수치가 낮을수록 불평등하지 않다는 의미입니다. 두 그래프를 비교해 보면 지니계수가 높은 나라, 즉 불평등도가 높은 나라일수록 살인 비율도 높다는 걸 알 수 있습니다. 치안이 열악한 멕시코의 조금 특수한 상황을 고려하더라도 멕시코와 미국, 코스타리카, 라트비아, 리투아니아 등 지니계수가 높은 나라들의 살인 비율이 높지요. 나라별 흑인의 비중을 보면 동유럽이 가장 낮고, 남아메리카와 미국, 서유럽은 흑인의 비중이 상당히 높습니다. 하지만 10만 명당 살인 비율은 흑인이 국민 중 얼마를 차지하느냐에 의해 결정되는 것이 아니라 소득의 불평등에 의해 결정된다는 걸 볼 수 있습니다.

미국의 흑인이 가난한 것은 영국의 식민지였던 시절과 독립한 이후로도 오랫동안 노예로 살았던 과거, 그리고 21세기에도 사라지지 않은 인종차별의 영향이 가장 큽니다. 인종차별은 개인에 대한 혐오에 그치지 않고 집단 전체의 경제적 어려움으로 이어졌습

〈도표 2〉 OECD 주요 국가의 10만 명당 살인 비율(2018년)

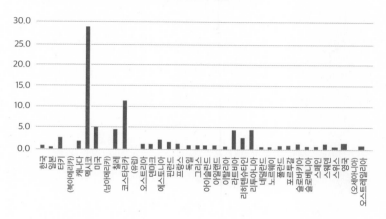

〈도표 3〉 OECD 주요 국가의 지니계수

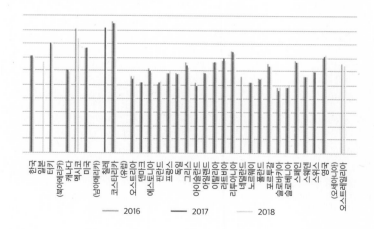

니다. 결국 인종차별의 결과로 소득 수준이 낮은 것이었고, 낮은 소득 수준이 높은 범죄율로 이어진 것이죠. 그런데 이를 뒤집어 흑인이기 때문에 범죄를 많이 저지른다는 가짜 사실에 기초해 인종차별을 공공연하게 선동하는 이들이 있습니다.

이렇듯 서로 연관되어 있다고 꼭 한쪽이 다른 쪽의 원인이 되거나 결과가 되는 건 아닙니다. 우리가 통계를 볼 때 조심해야 할 부분이지요. 특히 이를 통해 사회적 소수자에 대한 편견과 혐오가 퍼지는 것은 더더욱 조심해야 할 부분이고요.

같이 이야기해 봅시다!

우리 주변에 상관관계에 불과한 것을 인과관계로 생각하는 것은 없는지 살펴보고 발표해 봅시다. 그리고 진짜 인과관계는 무엇인지 같이 이야기해 봅시다.

"I am a man"

1968년 2월 1일 미국 테네시주 멤피스시에 거센 폭우가 내리고 있었습니다. 거리는 물로 가득 차고 하수도도 범람했지요. 이런 상황에서도 멤피스시 공공사업부는 모두 흑인 남성인 청소부들에게 계속 일하라고 지시합니다.

청소부 에콜 콜Echol Cole과 로버트 워커Rovert Walker는 쓰레기를 수거해 쓰레기차에 넣고 차 뒤에 탔습니다. 그때 쓰레기차가 오작동해 압축기가 켜지고 결국 두 사람은 압축기에 눌려 사망했습니다.

두 사람이 사망하고 11일 후 1,300명의 흑인 청소부는 이전부터 이어 오던 끔찍한 노동조건과 인종차별에 항의하며 파업을 시작합니다. 그리고 흑인 인권운동가 마틴 루터 킹 목사가 그들의 파업과 시위에 합류했지요.

시 당국은 이들의 요구를 거부했습니다. 시위와 파업은 계속되었지요. 경찰은 시위와 파업을 제압하는 과정에서 파업 노동자들의 집회에 최루탄을 쏘았고, 시위대를 곤봉으로 때렸으며, 시위자 중 한 명을 총으로 쏴서 죽이기에 이릅니다. 멤피스시 시장은 계엄령을 선포하고 방위군을 소집합니다.

그다음 날 200명이 넘는 청소부들이 'I AM A MAN'이라는 피켓picket을 가슴에 걸고 시위를 합니다. 주 방위군이 대검을 꽂은 총으로 이들을 위협하는 가운데 말이죠. 'I am a man'이라는 구호는 우리말로 번역하면 그저 '나는 남자다'입니다. 그러나 이들이 어떤 대우를 받았는지를 생각하면 아주 다른 의미를 가집니다. 자신의 의지와 상관없이 노예무역을 통해 북아메리카 대륙에 오게 된

흑인들이 'I AM A MAN'이라는 피켓을 두르고 행진하는 모습.

미국의 흑인들은 백인들에게 아주 당연하다는 듯 'boy'라고 불렸습니다. 흑인은 성인으로 대접하지 않겠다는 뜻이 담긴 호칭이지요.

흑인은 가난하고, 그로 인해 범죄율이 높은 것은 통계적 사실입니다. 하지만 흑인 스스로 자신들의 권리를 위해 싸워 온 역사가 있고, 이런 역사를 토대로 변화해 가고 있습니다. 이들이 어떻게 싸워 왔는가는 통계를 통해선 우리가 알기 어려운 모습이지요.

3

가난한 사람들의 범죄율이 높다
범주화의 오류

인종차별은 범주화의 오류를 범한다고도 볼 수 있습니다. 다른 인종이나 민족에 대해 나쁜 감정을 가지는 이유는 이른바 '가짜 뉴스'에 의한 것도 있지만 개인적 경험에 의한 것도 있습니다. 가령 어떤 사람이 미국에 유학을 갔습니다. 집안에 별로 돈이 없던 그는 저소득층이 주로 사는 지역, 즉 흑인들이나 라티노들이 많은 지역에서 살았습니다. 그곳에서 누군가 그의 자동차 유리창을 깨고 오디오를 훔쳐 가는 사건이 발생했습니다. 범인은 이웃에 사는

범주화(範疇化, categorization)

비슷한 성질을 가진 것이 일정한 기준에 따라 모여 하나의 종류나 부류로 묶이는 것.

'가난한 20대 흑인 남성'이었습니다. 그 뒤 그는 '흑인은 범죄를 많이 저질러서 싫어'라고 말하고 다니곤 합니다.

그런데 그는 왜 '가난한 사람은 범죄를 많이 저질러서 싫어' 혹은 '20대는 범죄를 많이 저질러서 싫어' 혹은 '남자는 범죄를 많이 저질러서 싫어'라고 하지 않고 '흑인은 범죄를 많이 저질러서 싫어'라고 할까요? 그의 오디오를 훔친 범인은 이 모두에 해당 사항이 있는데 말이죠.

아마 그는 모든 가난한 사람이나 모든 20대 또는 모든 남성이 범죄를 많이 저지르지는 않는다고 무의식적으로 생각했을 수 있습니다. 그리고 자신 또한 '가난한 20대 남성'에 해당하니 자신과 다른 범주에 속하는 부분을 가지고 범죄자를 구분하려 했을 수도 있고요.

이런 과정을 거쳐 일종의 사회적 범주화가 이루어집니다. 즉 사람을 특정한 조건에 따라 구분하는 거죠. 남성과 여성, 가난한 사람과 부자, 흑인·백인·황인 등의 인종, 중국인·일본인·동남아인

라티노(Latino)

여성형인 라티나Latina와 함께 라티노Latino는 미국에 살고 있는 라틴아메리카계 사람들을 가리키는 용어로 히스패닉Hispanic이라고도 한다. 히스패닉은 '스페인어를 사용하는 사람들'이라는 뜻이다.

등 특정 국적에 따라 구분하기도 합니다. 그리고 이에 의해 부당하게 나쁜 선입견을 만들거나 잘못된 결론을 만드는 범주가 생깁니다. 예를 들면 방금 예로 들었던 '흑인' 외에도 우리나라의 경우 출신 지역에 따라 특정 지역 사람은 신뢰하기 힘들다고 생각하는 지역감정이 있었고, 지금도 같은 외국인이라도 조선족이나 중국인, 동남아인에 대해서는 좋지 않은 선입견을 가진 경우가 많습니다. 또 같은 지역에 살면서도 임대 아파트에 사는 이들을 얕잡아 보는 이들이 있습니다.

> **지역감정**
>
> 특정한 지역에 살고 있거나 그 지역 출신인 사람들에게 다른 지역 사람들이 갖는 좋지 않은 생각이나 편견.

범주화의 문제점

이런 나쁜 의미의 범주화에는 세 가지 문제가 있습니다. 첫째, 사실을 왜곡하는 범주화입니다. 예를 들어 외국인은 원래부터 한국인이었던 사람에 비해 범죄율이 높다는 가짜 뉴스가 있습니다. 특히 이 가짜 뉴스가 겨냥하는 외국인은 서유럽이나 미국 출신 외국인이 아니라 동남아시아나 중국 출신 외국인, 그리고 난민을 지칭하는 경우가 대부분입니다. 하지만 우리나라 범죄 통계를 보면 실제 범죄를 저지르는 비율은 외국인보다 내국인이 더 높습니다.

경찰청 통계에 따르면, 2017년 기준 인구 10만 명당 피의자는 내국인이 3,636명인데 반해 외국인은 1,654명으로 절반도 되지 않습니다. 더구나 외국인 범죄의 피해자는 대부분 외국인입니다. 즉 내국인이 외국인에게 범죄 피해를 입을 확률은 내국인에 의해 피해를 입을 확률에 비해 아주 많이 떨어지는 것이죠. 오히려 범주를 남성과 여성으로 바꾸면 틀리지는 않습니다. 2020년 기준 전체 범죄 163만여 건 중에서 남성이 범죄자인 경우는 127만 명이고 여성이 범죄자인 경우는 33만여 건, 알 수 없는 경우는 2만여 건입니다. 범죄를 저지른 사람 중 남성이 여성의 네 배가량 됩니다. 이중 강력범죄(폭력이나 무기를 사용하여 저지르는 범죄)의 경우 총 3만 5천여 건 중 남성이 3만 3천여 건을 저질렀고 여성은 1700여 건을 저질러 남성이 여성의 20배가량 됩니다.

이런 범죄의 피해자는 누구일까요? 전체적으로는 남성 피해자 73만여 명, 여성 피해자 46만여 명, 성별 불상 38만여 명으로 남성이 여성보다 많으나 살인·강도·강간·방화 등의 강력범죄 피해자는 남성이 2,821명인데 비해 여성은 2만 1006명으로 여성이 압도적으로 많습니다. 특히 강간이나 유사강간, 강제추행 등 성범죄는 모두 피해자가 여성인 경우가 남성의 열 배가 넘습니다. 이는 앞서 살펴본 내국인과 외국인 범죄 모두에 해당하는 사항입니다.

범주화의 두 번째 문제는 사실은 맞지만 그것이 인과관계가 아닐 때 나타납니다. 앞서 이야기한 것처럼 흑인의 범죄율이 백인보다 높은 것은 사실입니다. 그렇다고 흑인이라는 사실이 범죄율이 높은 원인이 되는 걸까요? 우리가 살펴본 바에 따르면 그렇지 않습니다. 흑인이라서 범죄율이 높은 것이 아니라 백인들이 흑인을 차별하고 그 결과 흑인들이 백인보다 더 열악한 환경에서 살기 때문입니다. 사실 자체가 맞는다고 범주화했을 때 이런 문제가 생깁니다. 남성이 여성보다 범죄율이 높다고 남성이라는 생물학적 조건이 범죄율을 높인다고 이야기할 수 있을까요? 앞서 흑인 범죄율 문제를 다루면서 가난한 사람들의 범죄율이 부자보다 높다고 했는데, 그렇다면 가난하다는 조건이 범죄율을 높인다고 말할 수 있을까요?

범주화의 세 번째 문제는 인과관계가 있다고 무조건 범주화를 할 때 생깁니다. 앞서 범죄율을 다루면서 내국인의 경우 인구 10만 명당 피의자가 3,636명이라고 했습니다. 내국인 중 범죄를 저지르는 사람이 3.6%가량이고, 100명당 3-4명이라는 거죠. 남성의 범죄율이 높다고 하니 그 두 배라고 쳐도 100명당 6-7명입니다. 또 가난한 사람들의 범죄율이 높다고 쳐도 100명당 6-7명입니다. 그렇다면 100명당 서너 명의 차이를 가지고 한쪽은 범죄율이 높으니 문제가 있다고 이야기할 수 있을까요?

그렇지 않다는 건 여러분도 잘 아실 겁니다. 두 집단에서 범죄를 저지르지 않는 사람은 100명당 94-97명이나 되기 때문이죠. 두 집단 모두 대부분은 범죄를 저지르지 않습니다. 결국 소수의 문제를 집단 대부분의 문제로 만들기 때문에 이런 범주화 또한 문제가 되는 것입니다. 실제로 우리가 친구를 사귈 때도 남자라고, 나보다 가난하다고 어울리지 않는 경우는 별로 없습니다. 그보다는 개별적인 인성을 더 생각하고 나와 관심사가 같은지 성향이 맞는지를 더 따지지요.

통계를 통한 진짜 원인 찾기

이렇듯 범죄율이 두 배라고 하면 아주 큰 차이가 있는 것 같지만 실제로 범죄를 저지르는 이들의 수가 전체 집단에서 아주 적을 때 섣부른 범주화는 일정 집단에 대한 잘못된 인식을 심어 주게 됩니다. 아주 작은 비율을 가지고 특정 집단을 범주화할 경우 대표성에 문제가 생기는 것이죠.

그리고 남성이나 가난한 사람들의 범죄율이 높은 이유를 파악해야 합니다. 그렇게 하지 않고 그냥 '남자는 원래 그래' 또는 '가난한 사람들은 그런 법이야'라고 이야기해서는 안 됩니다. 어떤 이유로 범죄율이 높은지를 파악해야 합니다. 앞에서 살펴본 것처럼 빈부 격차가 클 경우, 그리고 가난한 이들에 대한 사회안전망이 부실할 경우 가난한 사람들의 범죄율이 더 높았습니다. 그렇다면 사회구조의 문제가 깔려 있는 것이지요. 또 다른 통계를 보면 부모로부터 가정폭력에 시달린 경우가 그렇지 않은 경우보다 범죄를 저지르는 확률이 높았고, 주변에 자신을 이해해 주는 이들과의 관계가 돈독하지 못한 경우 범죄율이 높았습니다.

이렇듯 범죄라는 하나의 현상을 볼 때도 성급한 범주화는 일정 집단에 대한 주홍글씨처럼 작용할 수 있을 뿐 아니라 범죄율을 낮추는 데에도 전혀 도움이 되지 않는다는 사실을 알 수 있습니다.

같이 이야기해 봅시다!

가난한 사람들이 범죄율이 높은 원인을 찾아보고, 그 해결책을 이야기해 봅시다.

가난이 만든 범죄

《레미제라블》의 주인공 장발장은 파브롤 출신의 정원사로, 남편을 잃은 누나와 조카 일곱 명을 부양하며 살고 있었습니다. 가난에 힘들어하던 그는 가족에게 먹일 빵 한 덩이를 훔치게 되고, 이후 무려 19년이나 징역을 살게 되죠. 원래 빵을 훔친 것에 대한 징역은 5년이었지만 누나와 조카가 파리로 갔다는 소식을 듣고 네 번이나 탈옥을 시도해 형기가 늘어난 것입니다. 그런데 이 소설 속의 일이 우리나라에서도 일어납니다.

2006년 20대 미혼모가 경찰에 잡혔습니다. 15개월 된 아기를 둔 그는 오랜 실직으로 생활이 어렵게 되자 20만 원 상당의 분유와 유아용 옷을 두 번에 걸쳐 훔치다 잡힌 것이죠. 사연을 안타깝게 여긴 담당 형사가 기저귀 두 박스를 사 주고 현금 10만 원을 건넸다고 언론에 보도되었습니다.

2019년에는 80대 할머니가 절도죄로 입건되었습니다. 편의점에서 우유와 주스 2,500원어치를 훔친 것이죠. 할머니는 빌라 반지하에서 고등학생 손자와 살고 있었습니다. 대리운전으로 생계를 유지하는 아들은 따로 살고 있었고요. 하지만 아들이 일을 하고 있으니 할머니와 손자는 기초생활수급자가 되질 못합니다. 이때 담당 경찰은 주민센터에 할머니의 사정을 설명하고 손자의 학비와 생활용품 지원을 요청했지요.

장발장과 달리 우리나라에서 이러한 사연은 대개 아름답게 끝납니다. TV 뉴스는 우리 사회에 아직 따뜻한 정이 남아 있다는 소감으로 마무리되곤 하죠.

그런데 정말 아름답게 끝난 일일까요?

먼저 이들은 이웃의 온정으로 절도죄로 기소되어 벌금을 내거나 징역을 살게 되지는 않았습니다. 또 잠시 도움을 받아 며칠 정도의 배고픔은 면하겠지요. 그러나 이들의 가난이 끝난 것은 아닙니다. 15개월의 아이를 둔 어머니는 어찌 되었건 계속 아이를 키워야 하고, 할머니도 손자와 가난한 삶을 이어 가겠지요.

물론 남의 물건을 훔치는 일은 잘못된 행위입니다. 개인으로서는 잘못이지요. 하지만 이렇게 아이의 분유를 사지 못할 정도로 가난한 이들이 누군가의 선의에만 기대는 사회 또한 문제가 아닐까요? 이웃의 선의가 아니라 나라의 정책을 통해 아무리 가난해도 최소한의 인간다운 삶을 누구나 누릴 수 있게끔 해야 하는 것 아닐까요?

우리나라에도 가난한 이들을 위한 여러 가지 정책이 있습니다. 기초생활수급자라고 해서 벌이가 없거나 있어도 아주 적은 경우 정부에서 최저생계비를 지원하기도 합니다. 하지만 할머니의 사례처럼 가족 중 서로 연락하지 않고 지내는 사람이 돈을 벌고 있는 경우에는 나라의 지원을 받지 못해 어려움을 겪게 되는 것이지요. 이런 제도의 빈 곳을 메워 나가 돈이 없어 굶는 일은 없게 해야 합니다.

개인이 범죄를 저지르는 데는 그 개인의 잘못도 있지만 그런 상황으로 몰고 간 사회의 책임이 없다고 할 수 없습니다.

기초생활수급자

국민기초생활보장법에 의해 국가로부터 기초 생활비를 지급받는 사람. 소득 인정액이 최저생계비 이하이고, 부양자가 없거나 부양을 받을 수 없는 사람이 이에 속한다.

4

비 오는 날 비 맞을 확률
조건부 확률

이번에는 조금 재미있는 확률을 살펴보겠습니다.

4년 전쯤 기상청에서 일하는 사람에게 '비가 온다고 예고하면 틀릴 확률이 높고, 날씨가 맑다고 예고하면 맞을 확률이 높다'는 이야기를 들었습니다. 비가 온다는 건 대기가 불안정한 상태라는 것인데, 대기가 불안정한 경우 비가 오지 않고 그냥 흐릴 경우도 많아서 맞추기가 쉽지 않다는 얘기지요. 반대로 맑은 날씨는 대기가 안정된 상태이기 때문에 맞을 확률이 높고요. 그 이야기를 듣고 제가 이렇게 얘기했습니다.

"아, 그럼 비가 온다는 예보를 듣고 우산을 들고 나가면 비가 안 와서 우산을 어디 두고 오기가 쉽겠군요. 반대로 날씨가 맑다는 예고에 선크림을 잔뜩 바르고 나가면 바른 보람을 느끼기 쉽고요."

기상청의 예보가 맞을 경우와 틀릴 경우

이 이야기를 가지고 확률을 생각해 볼까요? 기상청에서 비가 온다고 예고했을 때 내가 우산을 두고 나갔는데 비가 오지 않아 다행인 경우와, 기상청에서 비가 오지 않는다고 해서 우산을 두고 나갔는데 역시 비가 오지 않을 경우의 비율은 어떻게 될까요?

일단 몇 가지 전제가 필요합니다. 우선 기상청이 비가 올 거라고 예보하는 경우가 100일 중 30일이고 비가 오지 않을 거라고 예보한 날은 70일이라고 해 봅시다. 우리나라의 경우 비가 오는 날과 오지 않는 날의 비율이 대개 저 정도입니다. 기상청이 비가 온다고 예보했을 때 맞을 확률이 60%라고 하죠. 틀릴 확률은 40%고요. 반대로 기상청이 비가 오지 않는다고 예보했을 경우 맞을 확률은 80%라고 합시다. 틀릴 확률은 20%죠. 그리고 무조건 우산을 집에 두고 나간다고 가정하지요. 물론 기상청의 예보는 이보다 더 정확합니다만 통계 처리를 쉽게 하기 위해 제가 숫자를 조정했습니다. 그것을 토대로 〈표 1〉을 그려 보았습니다.

기상청이 비가 온다고 예보하는 날은 30일인데, 이중 비가 오지 않은 경우는 40%(0.4)입니다. 30일의 40%는 (둘을 곱해) 12일이죠. 그리고 기상청이 비가 오지 않는다고 예보하는 날은 70일인데, 이때 비가 오지 않을 경우는 80%(0.8), 즉 (이 둘을 곱해) 56일이 됩니다. 따라서 항상 우산을 집에 두고 나갈 경우, 비가 오지 않는다고 예보한 날 중 56일, 비가 온다고 예보한 날 중 12일 동안 비를 맞지 않습니다. 이 둘을 비교하면 56일 대 12일이므로, 비가 오지 않는다고 예보했을 때 비가 오지 않는 경우가 비가 온다고 예보했을 때 비가 오지 않은 경우보다 4.7배 정도 더 많습니다.

반대로 생각해 보죠. 기상청이 비가 오지 않는다고 예보했는데 비가 와서 쫄딱 젖는 경우는 14일이고, 반대로 비가 온다고 예보했는데도 우산을 들고 나가지 않아 비를 맞는 경우는 18일입니다. 무조건 집에 우산을 두고 나가면, 비가 오지 않는다고 예보했을 때와 비가 온다고 예보했을 때 비를 맞을 경우는 14일 대 18일입니다. 비가 온다고 예보했을 때가 조금 더 높긴 하지만 큰 차이가 없습니다.

〈표 1〉 **기상청의 예보와 실제**

기상청 예보	비가 왔다	비가 오지 않았다
비가 오지 않는다, 70일	20%, 14일	80%, 56일
비가 온다, 30일	60%, 18일	40%, 12일

이것을 이제 조금 다른 시각으로 봅시다.

실제로 비가 왔는데 기상청이 예보를 틀린 비율은 얼마나 될까요? 비가 오지 않는다고 예보했는데 비가 온 경우는 14일이고,

비가 온다고 예보했고 실제로 비가 온 건 18일입니다. 총 32일 중 14일을 틀린 거죠. 그러니 실제로 비가 왔을 때 기상청 예보가 틀린 건 약 43.8%입니다.

반대로 비가 오지 않았을 때 기상청이 틀린 예보를 한 비율은 어떻게 될까요? 비가 오지 않는다고 예보했을 때 비가 오지 않은 날은 56일이고, 비가 온다고 예보했을 때 비가 오지 않은 날은 12일입니다. 총 68일 중 12일이 틀린 거죠. 계산해 보면 18% 정도 틀린 예보를 한 게 됩니다.

이제 우리의 일상을 한번 생각해 보죠. 비가 왔을 때, 비가 오지 않는다고 예보한 기상청이 엉터리 예측을 했다고 이야기할 확률은 43.8%입니다. 반대로 비가 온다고 예보했는데 비가 오지 않을 확률은 약 18%지요. 그래서 우린 비가 올 경우 더 많이 기상청에 불만을 가지게 됩니다. 이렇게 살펴보는 방식을 조건부 확률이라고 합니다. 주어진 사건이 일어났다는 가정 아래(여기서는 실제로 비가 왔다!) 다른 한 사건이 일어날 확률(기상청이 틀렸다고 투덜댈 확률)을 살펴보는 것입니다.

통계의 거짓말

그런데 이런 조건부 확률을 제대로 이해하지 못했을 경우 함정에 빠질 수도 있습니다. 가령 이런 뉴스가 나왔다고 해 보죠. "코로나19에 감염된 사람 중 백신을 맞은 사람이 50%다. 따라서 백신을 맞으나 맞지 않으나 그게 그거다."

수치는 조금 틀리지만 실제로 2021년 말쯤 SNS^{Social Network Service}에 떠돌던 이야기 중 하나로 백신에 대한 불신을 키웠습니다. 일단 백신을 맞은 사람이 코로나바이러스감염증-19(이후 코로나19로 표기)에 감염된 사람 중 50%인 것이 사실이라는 전제 아래 백신을 맞지 않아도 별 문제 없다는 말에 대해 합리적인 반박을 해 봅시다.

백신을 맞은 사람이 전체 국민의 80%고 맞지 않은 사람이 20%, 코로나19에 걸린 사람은 전체 국민 중 1%라고 가정하지요. 우리나라 전체 국민은 5000만 명이라고 합시다. 그러면 백신을 맞은 사람은 4000만 명이고 맞지 않은 사람은 1000만 명입니다. 코로나19에 걸린 사람은 50만 명이 되지요. 백신을 맞고 코로나19에 걸린 사람은 감염자의 50%이니 25만 명이고, 백신을 맞지 않고 코로나19에 걸린 사람도 25만 명입니다. 이것을 〈표 2〉와 같이 정리했습니다.

이제 백신을 맞은 사람 중 코로나19에 걸린 비율을 따져 보죠. 전체 4000만 명 중 25만 명이니 0.625%입니다. 반면 백신을 맞지 않은 사람 중 코로나19에 걸린 비율은 1000만 명 중 25만 명이니 2.5%입니다. 백신을 맞지 않은 사람이 코로나19에 걸린 경우

<표 2> 백신을 맞은 사람과 맞지 않은 사람의 감염자 수 비교

	코로나19에 걸린 사람	코로나19에 걸리지 않은 사람
백신 맞은 사람 4000만 명	25만 명	3975만 명
백신 맞지 않은 사람 1000만 명	25만 명	975만 명

가 백신을 맞고 걸린 경우에 비해 약 네 배 더 많습니다.*

코로나19에 걸린 사람 중 백신을 맞은 사람의 수가 절반이 된 이유는 백신을 맞은 사람이 맞지 않은 사람에 비해 훨씬 많았기 때문에 생긴 일입니다. 이를 무시하고 단순 비율만으로 통계를 내면 거짓말을 하게 되는 것입니다.

같이 이야기해 봅시다!

백신과 관련된 가짜 뉴스를 찾아 보고 어떤 부분이 잘못되었는지 같이 이야기해 봅시다.

---

* 실제로 이 비율은 훨씬 더 높습니다만 계산하기 편하게 숫자를 조금 바꿨습니다.

5
맛있는 귤 고르기
선택편향

　언젠가 귤을 사 오라는 심부름을 하게 되었습니다. 가게에 가니 '당도 보장' '시지 않습니다' 등의 문구가 큼직하게 쓰인 플래카드 아래 귤이 한가득 쌓여 있고 주변에는 귤 상자가 수십 개 놓여 있습니다. 쌓여 있는 귤들은 신선해 보입니다. 귤 상자 옆에 귤을 한 조각씩 늘어 놓고 먹어 보게 하는군요. 한 조각 먹어 봤더니 정말 신 맛은 전혀 없고 엄청나게 답니다. 귤 상자 하나를 집어 들고 옵니다. 하지만 말이죠. 집에 와서 보니 상자 아래쪽 귤 중 꽤 많이 문드러져 있는 게 아닙니까?

　맛있는 귤을 고르는 가장 안전한 방법은 내가 살 귤을 모두 살펴보는 것입니다. 이것을 전수조사라고 하지요. 하지만 상자를 일일이 뜯어서 모든 귤을 확인할 수는 없습니다. 많이 번거로운 일

　　　　지속가능한 세상을 위한 통계 이야기

이기도 하지만 가게 주인의 눈총도 있는 대로 다 받게 될 테니까요. 그런 경우 표본을 몇 개 확인해 보는 걸로 대체하게 됩니다. 여러 개의 귤 상자에서 아무 귤이나 꺼내 한 열 개 정도를 확인했더니 다 괜찮더라고 하면 귤 상자를 아무거나 사도 괜찮을 확률이 높아집니다. 이것을 무작위 표본이라고 합니다.

하지만 가게 주인은 좋은 품질의 귤을 골라 상자 위에 두고, 시식하는 귤도 맛난 것만 골랐을 것입니다. 즉 상자에 든 귤보다 쌓아 놓은 귤과 시식용 귤이 더 품질이 좋을 겁니다. 이를 통계에서는 비무작위 표본이라고 합니다. 이럴 경우 내가 예상했던 것과 다른 결과가 나타나는데, 이것을 선택편향이라고 하지요.

인간중심적·자기중심적 편향

우리는 살아가면서 자기도 모르게 선택편향을 하게 되는 경우가 많습니다. 대표적인 것이 '인간중심주의'입니다. 자신이 인간이고 또 가장 자주 보는 대상이 인간이다 보니 다른 생물들을 볼 때도 인간 중심적으로 생각하는 태도지요.

가령 우리는 동물을 나눠 보라고 하면 보통 '척추동물'과 '무척추동물'로 나눕니다. 우리가 척추동물이고 또 주변에 친한 동물이 개, 고양이, 소, 말, 뱀, 개구리, 참새, 비둘기 등 대부분 척추동물이기 때문이지요. 하지만 척추동물은 동물 전체에서 아주 작은 부분에 지나지 않습니다. 과학에서 동물을 분류할 때 멸종된 것들을 빼고도 크게 36가지로 나눕니다. 극피동물, 절지동물, 연체동물, 완보동물, 태형동물, 해면동물, 자포동물, 모악동물… 이런 식으로요. 척추동물은 이 중 하나일 뿐이거든요. 즉 척추동물을 종류로 따지면 1/36밖에 되지 않습니다.

개체수로 따지더라도 그렇습니다. 지구에서 개체수가 가장 많은 건 곤충입니다. 대신 척추동물은 체중이 많이 나가지 않냐고 되물을 수도 있습니다. 그러나 생물량으로 따지면 식물이 가장 많습니다. 그다음은 세균이고, 세 번째는 곰팡이입니다. 4위는 원핵생물의 한 종류인 고세균이고, 5위는 단세포 진핵생물이지요. 동물은 생물 전체에서 가장 적은 비중이고, 그중에서도 척추동물은 절지동물이나 연체동물보다 생물량이 훨씬 적습니다.

어느 쪽으로 보더라도 척추동물은 생물 전체에서도 동물 전체에서도 아주 작은 지분만 가지고 있을 뿐입니다. 그런데도 척추동물 위주로 생각하는 건 우리가 보는 표본 대부분이 척추동물이다

생물량(biomass)

서식지의 단위면적 또는 단위부피 안에 현존하는 한 종의 동물이나 식물의 중량 또는 총량(종 생물량)이나 군집 내에 있는 전체 종의 중량이나 총량(군집 생물량).

지속가능한 세상을 위한 통계 이야기

보니 생기는 편향이지요.

　이런 자기중심적 편향은 인간을 대상으로 할 때도 의식적으로 노력하지 않는 이상 가지기 쉽습니다. 대부분의 사람은 자신과 소득 수준이나 학력 수준이 비슷한 이들과 관계를 많이 맺고 있기 때문입니다. 그래서 주변에서 보는 모습이 인간 사회의 평균적 모습이라고 혹은 전형적 모습이라고 생각하지요.

　가령 저는 대학을 졸업하진 못했지만 서울에 있는 4년제 대학 물리학과에 입학해 4년을 다녔고, 지금은 주로 과학책을 쓰고 강연을 하며 살고 있습니다. 그러다 보니 제 주변에는 이공대학을 나온 이들이 많습니다. 고등학교만 졸업했거나 그마저도 아닌 이들은 제 주변에서 소수입니다. 하지만 제 주변에서 소수라고 우리나라 전체에서도 소수는 아닙니다.

　우리 사회에서는 저처럼 1960년대에 태어난 이들을 흔히 586세대라고 합니다. 지금 여러분을 MZ세대라고 하는 것처럼요. '586'이란 현재 나이가 50대인, 80년대에 대학을 다닌, 60년대에

MZ세대

1980년대 초반에서 2000년대 초반 출생한 밀레니얼 세대와 1990년대 중반에서 2000년대 초반 출생한 Z세대를 통칭하는 말. 디지털 환경에 익숙하고, 최신 트렌드와 남과 다른 이색적 경험을 추구하는 특징을 보인다.

<도표 4> 동물을 자의적으로 분류한 그림

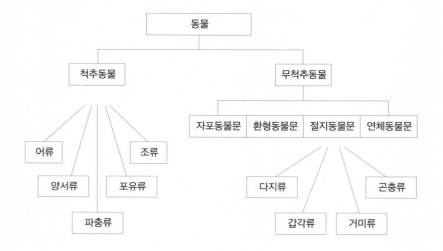

<도표 5> 비교적 정확한 동물의 분류

(원래 이 분류상의 종류는 30가지가 넘지만 대표적인 동물들만 표현함.)

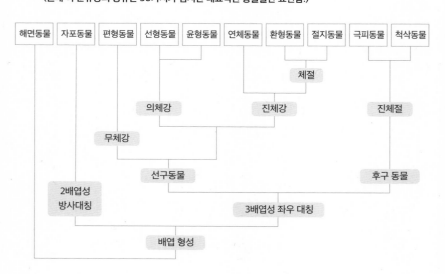

지속가능한 세상을 위한 통계 이야기

태어난 사람이라는 뜻입니다. 이 말을 누가 처음 썼는지 모르지만, 586 뒤에 세대라는 말을 붙인 것에 저는 거부감이 듭니다. 당시 대학 진학률은 30% 정도였거든요. 즉 같은 나이대의 사람 열명 중 세 명만 대학을 갔고 나머지는 가지 않거나 가지 못했습니다. 대학을 나오지 않은 사람이 훨씬 많다는 말입니다. 그러니 저말을 만든 사람은 필시 대학을 다닌 사람으로, 자기 주변의 대학나온 사람들만 주로 만나다 보니 자기도 모르게 저런 편향적인 말을 만든 것이겠지요.

여러분도 마찬가지일 수 있습니다. 가령 서울의 강남구나 서초구의 아파트에 사는 독자라면 학교 친구들도 대개 비슷한 아파트에서 어느 정도 풍족하게 사는 이들이 많을 것입니다. 서울의 강남 지역은 우리나라에서 평균 소득이 가장 높은 곳이니까요. 하지만 서울의 다른 지역이나 지방에 사는 독자라면 소득 수준이 그보다는 낮은 경우가 많을 것입니다. 친구들도 그렇겠고요.

이렇게 자신이 사는 지역, 학연과 혈연 등으로 우리가 만나는 사람들은 대단히 제한되어 있습니다. 여러분이 20대가 되면 이 차이는 더 벌어지게 될 것입니다. 대학을 가게 되면 대학생 친구가더 많아질 테고, 대학을 가지 않게 되면 대학을 가지 않은 친구들이 다수를 차지하겠지요. 또 대기업에 다니게 되면 동료 역시 자연스레 대기업에 다니는 이들이 됩니다. 반대로 생산직으로 공장에서 일하게 되면 같은 생산직 노동자가 동료가 되겠지요.

세계가 100명이 사는 마을이라면

시야를 조금 더 넓혀 지구 전체로 보면 더 심합니다. 우리는 세계 10위의 경제 강국이고 선진국입니다. 정보통신 강국이기도 하고요. 한국에 사는 우리는 우리를 기준으로 다들 비슷한 삶을 살고 있다고 생각하기 쉽습니다. 그러나 우리와 전혀 다른 삶을 사는 이들이 생각보다 많습니다.

만약 우리나라가 100명이 사는 마을이라면, 우리 중 95명 이상이 글을 읽거나 쓸 수 있습니다. 또 47명이 스마트폰을 사용합니다. 아직 초등학교에 들어가지 않은 어린이나 아기들을 빼고는 웬만하면 스마트폰 하나씩은 가지고 있는 거죠. 거기다 인터넷 사용자는 100명 중 80명이나 됩니다. 그리고 한 사람이 하루 평균 100g 이상의 고기를 먹습니다. 소득은 1인당 평균 2400만 원을 법니다. 한 달에 200만 원이죠.*

하지만 만약 세계가 100명이 사는 마을이라면, 100명 중 67명은 휴대전화가 없습니다. 인터넷을 쓸 수 없는 이들은 더 많아서 100명 중 84명입니다. 고작 100명 중 16명만 인터넷에 접속할 수 있습니다. 30명은 일자리가 없는 실업자고, 53명은 하루에 2000원

---

* "우리나라가 100명의 마을이라면", 〈한겨레〉 2012년 1월 27일.
 https://www.hani.co.kr/arti/society/society_general/516426.html

지속가능한 세상을 위한 통계 이야기

정도의 돈으로 삽니다.* 그래서 아프리카와 중동, 인도 등에서는 끼니를 걱정하는 친구들도 숱하고 옷이라곤 입고 있는 한 벌뿐인 경우도 많지요.

하지만 의식하지 않으면 이런 모습은 보이지 않습니다. 세계 인구가 80억 명에 가까운데 우리나라 인구는 5000만 명입니다. 1/100도 되지 않는 데다 세계에서 꽤 잘사는 1/100입니다. 주변만 봐서는 다들 큰 문제 없이 잘 사는 듯 보입니다.

그래서 크게 의식하지 않고 자기 주변만 보고 살면 우리는 '비무작위 표본'에 의한 '선택편향'을 가질 수밖에 없습니다. 기준을 자신에게 두지 않고 객관적 상황을 제대로 파악하기 위해 의식적 노력이 필요한 이유입니다.

같이 이야기해 봅시다!

우리가 선택편향에 빠지는 이유는 우리 주변과 다른 이웃의 삶을 잘 모르는 것에도 큰 이유가 있습니다. 이런 종류의 선택편향에는 어떤 것이 있는지 살펴보고 발표해 봅시다.

------

* "세계가 만약 100명이 사는 마을이라면" 원본 출처.
https://www.thoughtco.com/if-the-world-were-a-village-1435271

2장

거짓말하는 통계

1
'가짜 뉴스'는 어떻게 만들어질까?

우리는 휴대전화나 컴퓨터로 여러 가지 뉴스를 접합니다. 인터넷 포털 사이트에서 뉴스를 보기도 하고 카카오톡이나 인스타그램 또는 페이스북으로도 뉴스를 접하지요. 그런데 그중에는 우리에게 잘못된 정보를 제공하는 '가짜 뉴스'도 생각보다 많습니다. 이 가짜 뉴스가 교묘한 것은 내용 전부가 거짓이 아니라 일부는 사실이기도 해서 우리를 헷갈리게 하기 때문입니다. 그 '사실' 부분이 공신력 있는 곳의 통계일 경우에는 사실에 더해진 거짓말을 믿게 되기가 더욱 쉽겠지요. '사실'인 통계가 알려 주는 '거짓말'에 대해 한번 알아보겠습니다.

숨어 있는 진실

인터넷에 떠돌던 가짜 뉴스를 조금 수정해서 아래와 같은 문장을 만들었습니다. 맞는 말일까요?

2020년 우리나라 GDP는 1960년에 비해 421배 커졌다고 통계청에서 발표했다. 즉 우리 국민은 1960년에 비해 400배 이상 더 잘산다.

일단 GDP^{Gross Domestic Product}(국내총생산) 통계는 맞습니다. 제가 만든 이 가짜 뉴스의 GDP 부분은 정부의 통계 포털 서비스에서 인용한 것이니까요. 하지만 이어지는 뒷부분, 우리 국민이 정말 1960년에 비해 400배 이상 더 잘살게 되었다는 말은 맞는 걸까요? 그렇지 않습니다. 저 두 문장 사이에는 다른 숨어 있는 사실이 있는데, 그것을 밝히지 않은 것이지요. 이제부터 찬찬히 살펴봅시다.

일단 1960년에 비해 2020년의 우리나라 인구가 훨씬 많습니다. 1960년 우리나라 인구는 2501만 명이었고, 2020년에는 5128만 명으로 1960년 인구의 두 배가 넘죠. GDP는 1년 동안 한 나라에서 생산한 부가가치의 총량이니 1인당 GDP로 계산해 보려면 인구로 나눠야 합니다. 그러면 2020년 1인당 GDP는 1960년의 421배가 아니라 210배 정도가 됩니다.

그리고 인플레이션inflation(물가 수준이 지속적으로 상승하는 현상)을 생각해야 합니다. 대부분 매년 물가가 조금씩 오릅니다. 제가 좋아하는 잔치국수는 10년 전 3000-4000원이었는데 요즘은 5000원 정도 합니다. 25% 정도 오른 거죠. 품목에 따라 다르지만 우리나라의 경우 모든 물건의 가격이 매년 조금씩 올랐습니다. 그러니 60년 전의 1만 원은 2020년의 1만 원과 명목상으로는 같은 금액이지만 그 돈으로 살 수 있는 물건은 많이 다릅니다. 예를 들어 라면은 1960년에 한 봉지에 10원 정도였지만 지금은 최소한 400원이니 약 40배가 오른 셈입니다. 돈의 가치가 달라진 것입니다.

이렇게 인구 변화와 물가 인상을 모두 따지면, 1960년 1인당 실질 GDP는 133만 원이고 2020년은 3523만 원으로 우리나라 국민 1인당 GDP 증가율은 실제로는 26배 정도입니다. 물론 26배도 매우 경이적인 성장이지만 저 뉴스는 명백한 가짜 뉴스인 거죠.

GDP는 나라 전체에 해당하는 수치이므로 국민 개개인의 소득과 직접 연결되지 않습니다. 그런데도 이 가짜 뉴스를 만든 이는 GDP가 곧 국민 개개인의 소득과 연결되는 것처럼 만든 것입니다. 실제로 2022년 현재 전 세계 GDP 1위는 미국이고 2위는 중국입니다. 그러나 두 나라 모두 인구가 아주 많기 때문에 1인당 GDP에서는 전 세계 5위 안에도 들지 못합니다.

편견과 차별을 조장하는 가짜 뉴스

통계를 이용한 또 다른 가짜 뉴스를 생각해 보죠. 이 뉴스도 SNS에 떠도는 흔한 것인데, 수치는 정확한 통계를 확인해 제가 수정했습니다.

외국인 범죄가 매년 증가하고 있다. 2012년 외국인 범죄 피의자는 22,914명이었는데 2020년에는 외국인 범죄 피의자 수가 35,390명으로 50%나 증가했다. 특히나 외국인 범죄 피의자 중 중국인 비율이 전체의 50%에 이르고 있으며, 몽골·베트남·태국·러시아·우즈베키스탄 등이 그다음으로 범죄 피의자가 많다. 따라서 중국과 동남아시아 그리고 중앙아시아 출신들의 입국을 더욱 엄격하게 제한하고 불법체류 외국인을 추방해야 한다.

일단 위 통계 중 범죄 피의자 수가 증가한 것과, 중국·동남아시아·중앙아시아 출신의 범죄 피의자가 더 많다는 것은 사실입니다. 그런데 이 '사실'이 곧 이들의 입국을 제한해야 할 이유가 될까요? 저 뉴스로만 보면 그렇습니다만, 실제는 다릅니다.

먼저 외국인 범죄가 증가한 것은 사실이지만 이는 국내의 외국인 수가 늘어났기 때문이지 내국인보다 외국인이 더 폭력적이거나 나빠서가 아닙니다. 뒤에 다른 내용에서 다시 다루겠지만, 외국인의 범죄율은 내국인 범죄율의 절반 정도밖에 되지 않습니다. 즉 내국인 100명 중 네 명이 범죄를 저지른다면 외국인은 100명 중 두 명 정도만 범죄를 저지르는 거죠. 전체 범죄에서 외국인 범죄가 차지하는 비중 또한 5%가 되지 않습니다. 95% 이상이 내국인에 의해 이루어집니다.

두 번째로 중국이나 동남아시아, 중앙아시아 출신의 범죄 피의자가 많다는 것 또한 사실이지만 체류 외국인의 비율 또한 이들이 높습니다. 즉 많이 있다 보니 자연히 범죄 피의자도 많은 것입니다. 이들의 범죄율 또한 내국인에 비해 상당히 낮습니다.

범죄율과 관련해 오히려 더 중요한 것은 나이와 성별입니다. 10대나 60대 이상보다 20-50대 범죄율이 높고, 여성보다 남성이 범죄율이 높습니다. 강력범죄는 그 비율이 더 높고요. 소득 수준도 관련이 있어서 소득 수준이 낮을수록 범죄율이 높습니다(소득 수준과 범죄율에 대해서는 1장에서 이야기했듯, 낮은 소득 수준이 나쁜 성격이나 인성 혹은 폭력성과 관련 있지 않습니다). 이를 적용해 보면 '소득 수준이 낮은 성인 남성'의 비율이 범죄율과 가장 연관관계가 높습니다.

실제 이를 적용하면 국적별 범죄율 통계와 유의미한 상관관계를 보여 줍니다. 외국인의 경우도 국적별로 따져 봤을 때 남성의 비중이 여성보다 높은 경우 범죄율이 높습니다. 또 외국인의 경우 어린아이나 노인층이 성년층에 비해 그 수가 적습니다. 일하기 위

가짜 뉴스는 진실을 가리는 것은 물론 편견과 차별을 조장합니다.

해 우리나라에 오는 경우가 많으니까요. 이를 감안하면 외국인의 범죄율은 더 낮아집니다. 물론 내국인도 마찬가지입니다. 외국인이든 내국인이든, 미국인이든 중국인이든 국적이 중요한 것이 아니라는 것이죠. 그리고 어떤 경우도 외국인의 범죄율이 내국인의 동일 집단과 비교해서 높은 사례는 없습니다.

또 생각해야 할 것이 있습니다. 외국인 범죄의 대부분은 같은 외국인을 대상으로 이루어집니다. 즉 외국인 범죄의 피해자가 내국인인 경우는 많지 않다는 것이죠. 반대로 외국인이 범죄의 피해자가 되는 확률은 내국인보다 높습니다. 이는 내국인에 의해 이루어지는 범죄의 피해자가 외국인인 경우가 외국인 범죄의 피해자가 내국인인 경우보다 더 많기 때문이지요.

마지막으로 불법체류 외국인은 합법적으로 체류하는 외국인에 비해서도 더 범죄율이 낮습니다. 생각해 보면 당연한 일입니다. 말도 잘 못하는 이국땅에서 범죄 행위로 붙잡히면 본국으로 추방당할 위험이 있는데 쉽게 범죄를 저지르겠습니까? 불법체류 외국인의 범죄율은 합법적으로 체류하는 외국인의 절반밖에 되지 않을 뿐 아니라 범죄를 저지르기보다는 범죄의 피해자가 되는 비율이 훨씬 더 높습니다. 불안정한 신분 때문에 더 쉽게 범죄에 노출되는 것입니다. 그리고 이 경우 불법체류 외국인을 대상으로 범죄를 저지르는 이들은 대부분 내국인입니다.

이렇게 가짜 뉴스는 사실과 거짓 내용을 교묘하게 섞어서 사람들을 속입니다. 누가 이런 가짜 뉴스를 만드는 걸까요? 잘 모르고 만드는 경우도 있지만, 사실은 자신의 주장을 퍼트리려고 의도적으로 만드는 경우가 더 많습니다. 외국인에 대한 차별과 혐오를 조장하고, 소수자에 대해 편견을 증가시키는 방향으로 만들어지는 여러 가짜 뉴스를 조심해야 할 이유입니다.

같이 이야기해 봅시다!

가짜 뉴스의 많은 부분이 소수자를 겨냥하고 있습니다. 장애인, 외국인 노동자, 여성, 난민 등 소수자를 대상으로 한 가짜 뉴스를 찾아보고 그 논리를 반박해 봅시다.

2

그래프 제대로 보기

통계와 관련된 글을 쓸 때 가장 많이 받는 요청은 데이터를 그래프로 그려 달라는 것입니다. 아무래도 표보다는 그래프가 이해하기가 쉽기 때문입니다. 그런데 그래프를 그릴 때도 데이터의 내용을 가장 정확하게 표현하기 위해서는 나름 고민을 해야 합니다. 잘못 그린 그래프는 왜곡된 정보를 주기 때문이지요.

그런데 어떤 그래프는 의도적으로 왜곡된 정보를 전달하는 수단이 되기도 합니다. 일종의 가짜 뉴스죠. 62쪽의 〈도표 6〉은 1998년 5월 16일 미국 잡지 〈이코노미스트〉에 실린 통계 그래프로, 미국의 사장과 노동자가 받는 시간당 임금이 매년 어떻게 증가했는지를 보여 줍니다.

세 가지 그래프

전혀 달라 보이는 세 그래프는 사실 단 하나의 자료로 만들어진 것입니다. 먼저 맨 왼쪽 그래프가 현실을 가장 잘 반영한 것이라고 볼 수 있습니다. 첫해 사장은 시간당 100달러 정도를 받고 노동자는 시간당 10달러도 되지 않는 금액을 받습니다. 10년이 지난 후 사장은 시간당 160달러를 받고 노동자는 30달러 조금 넘게 받게 되지요.

가운데 그래프도 같은 이야기를 하고 있습니다. 그런데 가운데 그래프의 오른쪽 눈금을 보면, 제일 아래는 5달러, 그 위는 10달러, 다시 그 위는 50달러입니다. 여기까지는 비율이 이상해 보이지 않습니다. 그런데 50달러와 바로 위의 100달러는 간격이 아주 좁습니다. 그리고 100달러와 500달러의 간격도 아래 50달러와 10달러의 간격과 같지요. 실제 금액은 400달러 대 40달러로 열 배 차이인데 말이지요. 이런 눈금은 로그 스케일이란 것으로, 시간이 지남

로그 스케일(Logarithmic Scale)

로그 눈금. 매우 광범위한 범위의 수치 데이터를 로그를 이용해 간결하게 표시하는 눈금의 일종. 데이터의 범위가 가장 작은 범위에서 가장 큰 범위의 차이가 수백에서 더러는 수천 배가 넘을 때 사용한다.

에 따라 수치의 변화가 클 때 이를 비교하기 적당한 것입니다. 그런데 이를 사장과 노동자 임금이라는 두 수치에 적용하니 노동자의 임금이 사장의 임금보다 훨씬 더 많이 올라간 것처럼 보입니다.

가장 나쁜 것은 오른쪽 그래프입니다. 이 그래프를 보면 사장의 임금이 첫해와 비교해 두 배도 오르지 않았는데 노동자의 임금은 여섯 배나 오른 것으로 나타납니다. 이 또한 거짓말은 아닙니다. 아주 교묘할 뿐이죠. 여기서 문제는 사장과 노동자의 첫해 임금을 모두 100으로 놓았다는 것입니다(첫해=100).

사장은 워낙 처음부터 많이 받았고 노동자는 조금 받았습니다. 따라서 노동자는 임금이 조금만 올라도 오른 비율은 높게 나오고, 사장은 많이 올라도 비율은 낮게 나옵니다. 첫해 노동자가 5달러를 받았는데 10년 뒤 30달러를 받았다면, 여섯 배가 오른 것은 사실입니다. 하지만 실제 오른 금액은 25달러입니다. 반면 사장은

〈도표 6〉 **사장과 노동자의 임금 상승 비교 그래프**(1998년)

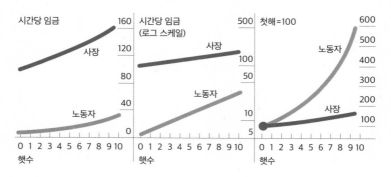

지속가능한 세상을 위한 통계 이야기

첫해 100달러를 받고 10년 뒤 160달러를 받았다면 60%밖에 오르지 않은 것입니다. 실제 오른 금액은 60달러로 노동자의 두 배가 넘는데 말이지요.

잘못된 정보를 전하는 그래프

〈도표 7〉의 위쪽 그래프는 유튜브에서 캡처한 것으로, 컴퓨터에 쓰이는 그래픽처리장치^{GPU} 두 제품의 성능을 비교한 것입니다. 눈으로 보기엔 위쪽 제품이 아래쪽 제품에 비해 두 배 이상 성능이 뛰어난 것처럼 보이지요. 하지만 아래쪽 수치를 잘 보면 사실과 전혀 다르다는 걸 알 수 있습니다. 위쪽 제품은 85고 아래쪽 제품은 84로, 두 제품의 차이는 딱 1입니다. 계산해 보면 두 제품의 성능 차는 겨우 1.2%입니다. 이 그래프의 문제는 시작점이 83.4라는 것입니다. 그래프의 시작점을 0으로 놓고 그렸다면 전혀 다른 그래프가 나왔을 것입니다. 둘의 차이가 거의 없는 아래쪽 그래프가 나왔겠지요.

이런 경우는 두 가지 사정이 있을 수 있습니다. 하나는 표를 그래프로 변환하는 프로그램을 쓸 때 별생각 없이 주어진 그래프를 그대로 사용한 것입니다. 아래 그래프는 제가 그렸는데, 수치를 주었을 때 처음 엑셀 프로그램이 제시한 건 첫 번째 그래프와 비슷했습니다. 차이를 부각하는 그래프인 거죠. 그래서 제가 다시 기준을 조정해서 두 번째 그래프를 만들었습니다. 하지만 대부분 차이를 부각하기 위해 이런 그래프를 그리곤 합니다. 그래도 그래프의 수치를 자세히 보면 완전히 틀린 것은 아님을 알 수 있습니다.

이에 반해 〈도표 8〉은 완전히 의도적으로 잘못 그린 그래프와

〈도표 7〉

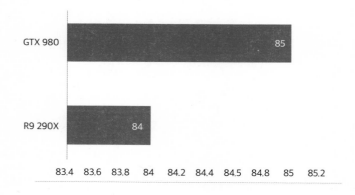

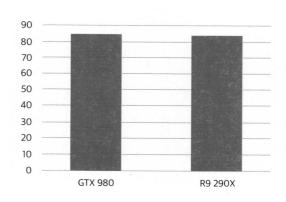

지속가능한 세상을 위한 통계 이야기

제대로 된 그래프를 비교한 것입니다. 지난 2014년 지방선거에서 후보별 여론조사 지지율을 비교한 것으로, 어느 방송국에서 화면으로 보여 준 것입니다. 위쪽이 왜곡된 그래프고 아래쪽이 제대로 된 그래프입니다.

보통 TV 화면으로는 자세한 수치가 보이지 않으니 그래프의 높이만 가지고 정보를 받아들이게 됩니다. 위쪽 그래프만 먼저 살

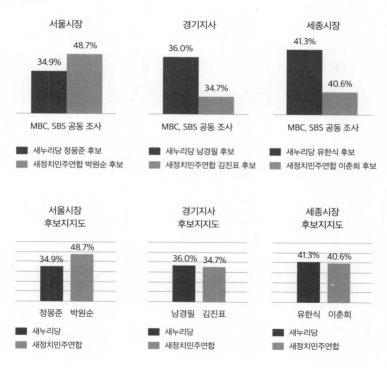

〈도표 8〉

퍼봅시다. 왼쪽은 서울시장 유력 후보 둘의 지지율 그래프고, 가운데는 경기지사, 오른쪽은 세종시장 지지율 그래프입니다. 딱 보기에 경기지사와 세종시장은 지지율 차이가 크고 서울시장은 지지율 차이가 작아 보입니다.

이제 지지율 수치가 좀 더 크고 명확하게 보이는 제대로 된 아래쪽 그래프를 봅시다. 서울시장 지지율 차이는 13.8%입니다. 반면 경기지사 지지율 차이는 1.3%, 세종시장 지지율 차이는 0.7%입니다. 서울시장 지지율 차이가 경기지사 지지율 차이의 열 배입니다.

이처럼 의도적으로 왜곡된 그래프를 그것도 신문이나 잡지가 아니라 자세히 보기 어려운 TV나 동영상으로 보여 주면 완전히 잘못된 정보를 제공하게 되는 셈입니다.

같이 이야기해 봅시다!

뉴스의 통계 그래프를 찾아 왜곡된 부분이 있는지 살펴보고, 잘못되었다면 애초의 데이터에 걸맞게 그래프를 수정해 봅시다.

3

평균의 함정

1986년 미국 노스캐롤라니아 대학교 졸업생 평균 연봉(초봉)이 가장 높은 학과는 어디일까요? 우리나라라면 의대나 법대 같은 경우가 가장 높습니다. 미국이라고 다르지 않을 것이라 여기기 쉬운데, 결과는 완전히 달랐습니다. 문화지리학과의 평균 연봉이 10만 달러(약 1억 2000만 원)로 1위였습니다.

그 이유는 문화지리학과 졸업생 중 농구선수 마이클 조던이 있었기 때문입니다. 마이클 조던은 노스캐롤라니아 대학교를 졸업하고 시카고 불스 농구단에 입단해 아주 높은 연봉을 받았습니다. 그리고 문화지리학과 졸업생 수가 얼마 되지 않았던 것도 이유입니다. 가령 당시 졸업생이 30명이고 마이클 조던을 제외한 나머지 사람들이 연봉 3000만 원을 받았다고 가정해 봅시다. 마이

클 조던이 30억 원의 연봉을 받게 되면 전체 평균 연봉은 1억 2천 900만 원이 됩니다.

이렇게 표본 전체가 크지 않은 조건에서 표본 하나의 값이 지나치게 크거나 작으면 전체의 정보를 왜곡하게 되는데, 이를 '표본의 함정'이라고 합니다. 그리고 전체 정보를 왜곡하는 표본을 아웃라이어outlier라고 합니다. 이런 경우 평균값이 표본 전체를 대표한다고 보기 어렵지요. 그래서 통계에서는 표본 전체를 대표할 수 있는 다른 값을 쓰기도 합니다.

대푯값 찾기

다섯 학생이 소속된 어느 모둠의 수학 점수가 100, 50, 45, 60, 55라고 해 봅시다. 이 경우 평균을 내면 62점이 나옵니다. 그런데 평균보다 높은 점수를 받은 학생은 100점을 맞은 한 명밖에 없고 나머지 네 명은 모두 평균 아래입니다. 100점을 맞은 학생 덕분에 전체 평균이 올라간 것입니다.

이럴 때 쓸 수 있는 다른 대푯값이 중간값입니다. 전체 성적을 높은 순서로 나열하면 100-60-55-50-45입니다. 이때 가운데 있는 성적은 55점이지요. 이렇게 표본의 숫자 중 가운데 위치하는 값을 중간값이라고 합니다. 이 경우에는 중간값이 평균값보다 모둠의 성적을 더 잘 대표하고 있다고 할 수 있습니다.

또 다른 대푯값으로 최빈값도 있습니다. 가령 어느 중학교 2학년 1반 학생들의 영어 점수를 높은 순서대로 나열했더니 다음과 같았습니다. 100-90-85-85-80-80-80-80-80-75-75-75-75-75-75-75-75-70-70-70-65-60-55-50-0. 0점을 받은 친구는 답안지 표기를 실수해서 0점 처리가 되었다고 하죠. 이때 평균은 72점입니다. 0점을 받은 친구 때문에 반 평균이 확 내려간 것인데, 이 또한 평균의 함정이라고 할 수 있습니다.

그러면 중간값을 잡으면 어떻게 될까요? 75점이 중간이네요. 그런데 이 경우 그냥 눈으로만 봐도 75점을 받은 학생이 가장 많지요? 이렇게 표본 중 가장 많이 등장하는 수를 최빈값이라고 합니다. 이 경우에는 최빈값을 전체 점수를 대표하는 값으로 삼아도 문제가 되지 않습니다.

평균이 대푯값이 된다면

평균은 특정 표본을 대표하는 값으로 의미를 가지지만, 이렇게 평균에만 기대어 대상을 바라보면 의도치 않게 실상을 놓칠 수도 있습니다.

가령 국가별 1인당 국민총소득GNI이라는 통계를 생각해 보죠. 한국은행이 발표한 2021년 우리나라 1인당 GNI는 3만 5168달러입니다. 약 4천 220만 원입니다. 즉 작년 한 해 우리나라 국민 1인당 4천 220만 원을 벌었다는 거죠. 3인 가족 기준으로 생각하면, 한 가족이 1년에 1억 2660만 원 정도의 소득이 있다는 뜻입니다. 이것은 평균값에 해당합니다.

그런데 보건복지부에서 정한 우리나라 2022년 중위소득은 3인 가족 기준으로 419만 4701원입니다. 1년으로 따지면 약 5033만 원입니다. 중위소득은 중간값입니다. 즉 우리나라 사람들을 소득이 제일 많은 사람부터 제일 적은 사람까지 일렬로 세울 때 딱 중간에 해당하는 소득을 이야기하지요.

국민총소득(Gross National Income, GNI)

생산활동을 통해 획득한 소득의 실질 구매력을 반영하는 소득지표. 한 나라의 국민이 국내외 생산활동에 참가하거나 생산에 필요한 자산을 제공한 대가로 받은 소득의 합계로서, 이 지표에는 자국민(거주자)이 국외로부터 받은 소득(국외수취요소소득)은 포함되는 반면 국내총생산GDP 중 외국인(비거주자)에게 지급한 소득(국외지급요소소득)은 제외된다.

대표적인 경제성장 지표가 국내총생산이라면, 국민소득을 보다 정확하게 반영하기 위해 나온 경제지표가 국민총소득이다. 1995년부터 국민들의 생활 수준을 알아보기 위해 1인당 GDP 대신 1인당 GNI 개념을 사용한다. 1인당 GNI는 명목 GNI를 한 나라의 인구수로 나누어 구하며, 국제 비교를 위해 보통 시장환율로 환산해 미국 달러($)로 표시한다.

1인당 GNI가 중위소득에 비해 두 배 이상 높습니다. 이것은 앞서 살펴본 모둠에서 100점인 학생 덕분에 나머지 학생의 점수가 50점 내외인데 평균이 62점이 된 것과 비슷한 상황입니다. 격차는 더 크고요. 이렇게 된 이유는 우리나라 상위 20%의 소득이 워낙 높기 때문입니다. 이들 중 상위 10%는 월평균 약 1150만 원의 소득을 올립니다. 1년으로 치면 약 1억 3800만 원이죠. 상위 10%와 그 아래 10%의 차이는 420만 원이나 됩니다.

이런 상황이라 상위 10%가 버는 소득은 우리나라 전체 소득의 46.5%나 됩니다. 반면 소득이 낮은 하위 50%의 경우 전체의 16.0%밖에 되지 않습니다. 이러니 소득 평균, 즉 1인당 GNI는 우리나라 전 국민의 소득을 대표하는 값으로 의미를 가지지 못하는 것이지요.

자산(현금, 저축, 주식, 부동산 등의 재산)은 그 차이가 더 심합니다. 상위 10%가 가진 재산은 평균 12억 2508만 원이고, 하위 50%의 재산은 평균 2696만 원입니다. 약 45배 정도 차이가 납니다. 그래서 상위 10%가 가진 재산은 우리나라 전체의 58.5%이고, 하위 50%는 5.6%밖에 되지 않습니다. 수학 점수로 계산하자면, 상위 10%가 90점인데 하위 50%의 평균은 2점 정도인 셈입니다.

우리나라 1인당 GNI는 세계 24위입니다. 우리나라보다 높은 나라 중 싱가포르와 같은 도시국가나 카타르, 브루나이, 아랍에미리트연합, 노르웨이, 쿠웨이트, 사우디아라비아 같은 산유국을 빼면 16위 정도 됩니다. 그러나 이 평균이 우리나라를 대표하는 값이 될 수 없다는 사실이 슬프지요. 우리 중 85% 정도는 저 평균값보다 소득이 적으니까요. 평균값이 정말 대푯값이 될 수 있어야 다 같이 행복한 사회가 될 수 있겠지요.

같이 이야기해 봅시다!

우리 주변의 통계 자료를 모아 놓고 대푯값으로 평균과 중간값, 최빈값 중 어떤 것이 어울릴지 이야기해 봅시다.

4

거짓말탐지기의 증거 능력
기저율의 오류

　코안에 면봉을 넣어 코로나19에 걸렸는지를 검사해 본 적이 있나요? 흔히 PCR^{Polymerase Chain Reaction} 검사라고 하는 실시간 유전자 증폭 검사죠. 그런데 이 검사를 하는 경우 드물지만 코로나19에 걸렸는데 걸리지 않았다고 음성 판정을 받는 경우가 있습니다. 이를 위음성이라고 합니다. 바이러스 수가 아직 많지 않아서 검사에 검출되지 않기 때문이지요. 반대로 코로나19에 걸리지 않았는데 걸렸다고 양성 판정을 받는 경우도 있습니다. 이를 위양성이라고 합니다. 위양성 판정이 나오는 것은 죽은 바이러스 조각이 검출되더라도 양성 판정이 나오기 때문입니다.

　100% 확실하면 좋겠지만 정확도를 올리면 시간과 비용이 너무 많이 듭니다. 그러면 오히려 검사를 받아야 할 사람을 다 검사

할 수 없는 부작용이 생기고, 또 검사 후 결과를 알기까지 시간이 오래 걸려 일상생활이 더 불편할 수 있습니다. 그래서 어느 정도 의 오류는 어쩔 수 없이 받아들이는 것이지요.

민감도와 특이도

이때 전문가들은 민감도라는 확률과 특이도라는 확률 두 가지 를 사용합니다. 민감도는 양성을 양성으로 판단할 확률이고, 특이 도는 음성을 음성으로 판단할 확률입니다. 선별검사소에서 실시 하는 코로나19 검사법은 세 가지인데, 그중 민감도와 특이도가 가 장 높은 것은 비인두도말 PCR검사법(코안에 면봉을 넣어 조사하는 방 법의 공식 명칭)입니다. 이 검사는 24시간 안에 결과가 나오며, 민 감도가 98% 이상입니다. 간단히 말해 100명의 양성 환자를 검사 하면 그중 98명 이상을 양성으로 판단한다는 거죠. 반대로 한두 명 정도는 양성인데 양성으로 판단하지 못하는 경우가 생긴다는 뜻이기도 합니다. 이 검사의 특이도는 100%로, 음성을 양성으로 판단하는 경우는 없다는 말입니다.

두 번째로 신속항원검사법도 있습니다. 이 검사는 30분 정도 면 결과가 나옵니다. 하지만 민감도는 90%고, 특이도는 96%입 니다. 즉 양성인데 음성으로 판정하는 경우가 열 명 중 한 명 정도

된다는 말이지요. 또 음성인데 양성으로 판정하는 사람이 100명 중 네 명 정도 된다는 뜻이기도 합니다. 그래서 신속항원검사에서 양성이 나오면 PCR 검사로 다시 확인하여 이때도 양성이 나오면 확진 판정을 내립니다.

침으로도 검사를 합니다. 이 경우 민감도는 92%고, 특이도는 100%입니다. 양성인데 음성으로 판정하는 경우가 100명 중 여덟 명이라는 거죠. 음성인데 양성으로 판정하는 경우는 거의 없다고 볼 수 있고요.

따라서 가능하면 신속항원검사보다는 PCR 검사를 하는 것이 좋습니다. 원래 양성인데 신속항원검사를 통해 음성으로 판정되어 일상으로 돌아가 주변 사람들에게 바이러스를 퍼트릴 가능성이 높고, 이는 결국 감염률을 높이기 때문입니다.

거짓말탐지기의 오류

이와 비슷한 경우로 거짓말탐지기가 있습니다. 거짓말탐지기는 거짓말을 할 때 나타나는 신체의 변화를 통해 거짓말을 가려냅니다. 우리는 대개 거짓말을 할 때 자기도 모르게 긴장하게 되어 호흡이 가빠지고, 심장박동수도 빨라지며, 혈압이 올라가고, 땀을 흘립니다. 이런 변화에 따라 피부에 흐르는 전기량도 변하고요.

거짓말탐지기는 이런 변화를 감지해 거짓말을 구분합니다.

그런데 TV 예능 프로그램에 나오는 간단한 거짓말탐지기는 정확성이 많이 떨어지며, 과학수사연구소에서 사용하는 고성능 거짓말탐지기도 100% 확실하다고는 할 수 없습니다. 과학수사연구소의 거짓말탐지기는 정확도가 97% 정도라고 합니다.

그렇다면 범죄를 저지른 사람 100명 중 세 명은 거짓말을 해도 드러나지 않게 됩니다. 반대로 범죄를 저지르지 않은 사람 100명 중 세 명은 거짓말을 하지 않았는데도 거짓말한 것으로 판정받을 수 있고요. 즉 다른 증거 없이 거짓말탐지기만으로 판단한다면, 100명의 범인 중 세 명을 놓치고 반대로 범인이 아닌 사람 100명 중 세 명을 범인으로 오판하는 일이 생기게 됩니다. 흔히 '100명의 범인을 놓쳐도 한 명의 무고한 범인을 만들어선 안 된다'고 하죠. 이를 '무죄추정의 원칙'이라고 합니다. 따라서 100명 중 세 명이나 억울한 범인을 만들 수 있기 때문에 거짓말탐지기는 다른 증거를 보완할 수는 있어도 독자적 증거로 사용되지는 못합니다.

그런데 여기서 한 가지 더 생각해 볼 것이 있습니다. 우리나라의 범죄율은 10만 명당 2000명 정도입니다. 즉 100명 중 두 명 정도가 범죄를 저지르는 거죠. 따라서 1만 명의 사람이 있으면 이 중 9800명은 범죄를 저지르지 않았고 200명만 범죄를 저지른 것입니다. 이 사람들을 모두 거짓말탐지기로 검사한다고 생각해 봅시다. 200명의 범인 중 거짓말탐지기가 범인으로 지목하는 것은

194명이고, 놓치는 범인은 여섯 명입니다. 반면 9800명의 범죄를 저지르지 않은 사람 중에서는 294명이나 범인이라고 오인하게 됩니다. 범죄를 저지른 이가 그렇지 않은 사람보다 많이 적은 경우 거짓말탐지기는 실제 범인보다 훨씬 많은 억울한 사람을 만들게 되는 것입니다.

〈표 3〉 **거짓말탐지기가 범인을 잡아내는 비율**

	거짓말탐지기가 범인이 아니라고 한 경우	거짓말탐지기가 범인이라고 한 경우
범죄를 저지르지 않은 9800명	9506명	294명
범죄를 저지른 200명	6명	194명

〈표 3〉을 보면, 거짓말탐지기가 범인이라고 판단한 사람 488명 중 범인이 아닌 경우가 294명으로(약 60%) 범인인 경우보다 더 많이 발생합니다. 반대로 거짓말탐지기가 범인이 아니라고 한 경우 실제로 범인이 아닌 경우는 99.9%입니다. 이 거짓말탐지기는 범인이 아닌 것은 굉장히 높은 확률로 맞히지만, 범인이라고 판단하는 경우에는 잘못된 경우가 많은 거죠. 앞서 살펴본 조건부 확률의 또 다른 예가 됩니다.

물론 원래 범죄율은 10만 명당 2000명, 즉 100명 중 두 명이니 거짓말탐지기로 조사하기 전 어떤 이가 범인일 확률은 2%입니다. 그런데 거짓말탐지기가 범인이라고 판단한 경우 범인일 확률은 40% 정도로 20배나 높아졌으니 수사하는 입장에서는 더 주의 깊게 살펴야 할 것입니다. 하지만 그렇다고 해서 거짓말탐지기가 맞다고 할 수는 없지요.

이것을 '기저율의 오류'라고 합니다. 어떤 사건이 발생할 확률(기저율), 이 경우에는 범죄율이 아주 적은 경우에 발생하는 오류입니다. 잘못 판단할 확률이 아주 낮아도(거짓말탐지기의 잘못 판단할 확률은 3%였습니다) 결과를 보면 커다란 오류가 발생하는 거죠.

그래서 법원의 판례를 보면, 거짓말탐지기의 결과를 증거로 인정하기 위해 두 가지 조건이 충족되어야 한다고 나옵니다. 우선 거짓말을 하면 반드시 일정한 심리상태의 변동이 나타나야 하고, 그다음 그로 인해 반드시 일정한 생리적 반응을 일으켜야 합니다. 이러한 반응에 따라 거짓인지 아닌지가 정확히 판정될 수 있다는 것입니다. 이렇게 엄격하게 증거능력을 제한하고 있기 때문에 거짓말탐지기가 실제 법원에서 증거로 인정되는 경우는 거의 없습니다.

같이 이야기해 봅시다!

학급에서 도난 사고가 일어났다고 가정해 봅시다. 도난 사고가 일어난 시간 범위에 교실에 드나든 친구는 모두 네 명입니다. 이 문제를 해결하기 위해 어떤 대처 방법이 필요할까요?

5

하나만 봐서는 안 되는 이유

통계를 기초로 한 글을 읽다 보면 통계를 해석하는 여러 방법이 있는 경우가 종종 있습니다. 예를 들어 다음과 같은 통계를 생각해 보죠. A라는 집단과 B라는 집단의 소득을 비교했더니 A집단은 월 300만 원을 벌고 B집단은 350만 원을 번다고 나왔습니다. 통계를 보면 두 집단 모두 우리나라 평균 소득 정도지요. 이때 두 집단의 차이는 50만 원입니다. 〈도표 9〉에서 보는 것처럼 그 차이가 아주 크다는 생각은 들지 않습니다. 이 통계에 근거해 어떤 이가 두 집단의 차이가 별로 없다고 이야기할 수 있습니다.

하지만 여기서 한 가지 더 조사를 합니다. 바로 두 집단의 월 생활비를 확인하는 것입니다. A집단의 경우 월 260만 원을, B집단은 월 270만 원을 생활비로 쓴다고 가정합시다. 이 두 집단의

<도표 9> A집단과 B집단의 소득 비교

	A집단의 소득	B집단의 소득
350만 원		■
300만 원	■	■
250만 원	■	■
200만 원	■	■
150만 원	■	■
100만 원	■	■
50만 원	■	■

생활비 차이는 10만 원입니다. 많이 버니 더 쓴다는 데 무슨 문제가 있을까 생각할 수 있지만, 더 버는 정도에 비해 생활비의 차이는 적은 편입니다. 왜 이렇게 차이가 적게 나는 걸까 생각해 봅니다.

일단 쉽게 드는 생각은 어차피 하루 세끼 먹고, 차 타고 다니고, 아이 기르는 것은 다 비슷할 테니 생활비에서 큰 차이가 날 이유가 있을까 하는 것입니다. 하지만 그렇지 않습니다. 먼저 아이들이 다니는 학원을 한 반에 서너 명만 다니는 소수 정예 학원으로만 바꿔도 너끈히 10만 원은 차이가 날 수 있지요. 거기에 음식 재료를 유기농 친환경으로 바꿔도 몇만 원 차이는 납니다. 자녀 용돈을 월 2-3만 원 올려 주는 것도 생각해 볼 수 있고요. 부모님 용돈을 몇만 원 더 드리는 것에서도 쉽게 차이가 날 수 있습니다.

소득 차이보다 지출 차이가 적은 이유

그렇다면 생활비 차이가 이렇게 적게 나는 것은 역으로 더 줄일 수 없기 때문이 아닐까요? 두 집단에서 돈을 버는 이들이 언제까지고 계속 일할 수는 없을 터입니다. 나이가 들면 은퇴를 하게 되는데 그 이후 살아갈 생각을 하면 일할 때 저축을 해야겠지요. 하지만 아무리 저축을 하고 싶어도 꼭 써야 할 돈이 있습니다. 저축을 위해 꼭 필요한 생활비를 안 쓸 수는 없다는 얘기지요. 그래서 A집단은 최소한의 생활비로 260만 원을 쓰는 것이고 B집단은 저축할 여유가 있으니 그보다 10만 원만 더 쓰는 것이라고 생각할 수 있습니다.

이를 확인하기 위해 두 집단의 은퇴 후 대비 정도를 현재의 저축액으로 가늠해 보는 방법이 있습니다. 두 집단의 저축 여력을 비교하면 A집단은 월 40만 원이고 B집단은 월 80만 원이 됩니다. B집단이 A집단에 비해 두 배나 많습니다. 전체 소득에서는 차이가 1/6 정도에 지나지 않지만 저축에서의 차이는 두 배가 되는 거죠.

이 두 집단이 40년 정도 이 소득을 유지한 뒤 65세에 은퇴를 하면 저축액의 차이는 얼마나 날까요? A집단은 월 40만 원씩 65세까지 40년을 꼬박 저축하면 1억 9200만 원이 됩니다. B집단은 3억 8400만 원이 되고요. 평균 85세까지 산다고 가정하면, 20년을 이 돈으로 살아야 합니다. A집단은 월 80만 원의 생활비가, B집단은 월 160만 원의 생활비가 있게 됩니다(이 저축액 말고도 국민연금 등의 노후 대책이 있습니다만 여기서는 간단하게 생각해 봅니다).

물론 저축을 하면 이자소득이 붙게 되니 실제로는 저 금액보다 훨씬 많을 겁니다. 대략 A집단은 월 100만 원 정도 쓸 수 있고, B집단은 200만 원 정도 쓸 수 있다고 가정하죠. 은퇴 전 40년간 두 집단은 생활비 차이가 10만 원 정도로 큰 차이가 없었지만 은퇴 이후에는 두 배의 격차가 나타나게 됩니다. 현재 우리나라 노인의 2인 가구 평균 생활비가 200만 원 정도입니다. B집단은 지금 정도의 저축으로 그럭저럭 노후를 살 수 있지만 A집단은 평균보다 100만 원 적은 금액으로 살아야 합니다. 따라서 B집단도 분명 지금보다 더 많은 저축을 하고 싶지만 현재 들어가는 생활비가 그것을 허용하지 않는다는 것이 더 정확한 분석일 것입니다.

처음 소득만을 놓고 보았을 때 A집단과 B집단은 약간의 차이만 있는 모습이었지만 두 번째 생활비 데이터를 놓고 보니 두 집단의 차이가 생각보다 크다는 걸 알 수 있습니다. 그리고 하나 더, 두 집단의 생활비가 현재 필요한 만큼 지출한 것이 아니라 미래를 위한 저축을 최대한 확보한 뒤 남은 최소한의 금액이란 것도 확인했지요.

분위별 소득과 소비지출

실제 데이터를 보면 위의 비교가 틀리지 않음을 알 수 있습니다. 84쪽 〈표 4〉는 2020년 기준으로 우리나라 전체 가구를 소득 수준으로 나눈 것입니다. 1분위가 소득 수준이 가장 낮은 10%고 10분위가 소득 수준이 가장 높은 10%입니다. 나머지도 모두 전체 가구의 10%씩을 차지하고 있습니다. 이 표에서 그냥 지출이 아니라 '소비지출'이라고 쓴 건 지출 중 '비소비지출'이 있기 때문입니다. 세금이나 국민연금, 의료보험비 등은 실제로 소비하는 것이 아니라서 따로 비소비지출이란 항목으로 잡았습니다. 따라서 실제 지출은 〈표 4〉의 금액보다 더 많습니다만, 여기서는 소득과 생활비를 중심으로 보기 위해 그 항목은 제외했습니다.

1분위는 소득은 53만 9271원인데 지출이 110만 2573원으로, 지출이 더 많습니다. 매달 적자를 보는 거죠. 1년이면 600만 원 넘게 빚을 지게 됩니다. 비소비지출을 합치면 적자는 더 늘어납니다. 2분위의 경우 소득과 지출이 거의 같습니다. 하지만 여기도 비소비지출을 더하면 적자를 보게 되지요. 이런 경우 지출하게 되는 생활비는 말 그대로 최소일 수밖에 없습니다.

이렇게 소득 수준이 낮은 가구는 거주하는 집도 전세나 월세인 경우가 많을 터인데, 돈이 없다고 집세를 내지 않을 수는 없지요. 또 돈을 벌지 못한다고 밥을 굶을 수도 없고, 자녀가 있는 경우 최

〈표 4〉 **1-10분위의 소득과 소비지출 비교(2020년)**

	소득	소비지출	소득-지출	소득 차	지출 차
1분위	589,271	1,102,579	-513,308		
2분위	1,349,709	1,347,599	2,110	760,438	245,020
3분위	2,082,474	1,677,948	404,526	732,765	330,349
4분위	2,695,462	2,032,620	662,842	612,988	354,672
5분위	3,325,902	2,318,273	1,007,629	630,440	285,653
6분위	4,068,391	2,586,309	1,482,082	742,489	268,036
7분위	4,914,917	2,956,707	1,958,210	846,526	370,398
8분위	5,911,878	3,355,360	2,556,518	996,961	398,653
9분위	7,375,340	3,833,323	3,542,017	1,463,462	477,963
10분위	11,516,717	4,944,646	6,572,071	4,141,377	1,111,323

소한의 교육비도 지출해야 합니다. 그야말로 최소한의 생활비 지출인 것입니다.

3분위도 비슷합니다. 비소비지출을 감안하면 매달 25만 원가량 저축을 하고 있는 것으로 나타나지만 이는 자신의 노후를 위한 준비보다는 전세 보증금을 올려 주거나 아이들 대학 등록금 등 꼭 쓸 수밖에 없는 돈을 모은다는 의미가 더 큽니다. 이들 또한 생활비는 최소로 쓰겠지요.

이것은 분위별 소득과 지출의 차이를 보면 더 분명하게 드러납니다. 소득이 늘어날수록 저축이 늘어나는 것은 당연해 보이지만,

지속가능한 세상을 위한 통계 이야기

소득의 차이보다 지출의 차이가 더 적은 걸 확인할 수 있습니다. 소득 차이는 1분위에서 6분위까지 평균 70만 원 정도인데 지출액 차이는 30만 원 정도입니다. 우리나라 가구당 평균 생활비는 260만 원 정도입니다. 표를 보면, 6분위가 되어서야 평균 생활비 정도를 쓰고 있습니다. 1분위에서 5분위까지는 평균 생활비보다 적게 지출하고요.

더구나 여기에는 고려사항이 하나 더 있습니다. 같은 가구라고 하더라도 구성원 수에 차이가 있습니다. 1분위나 2분위처럼 소득이 낮은 가구는 가구원 수가 적습니다. 분위가 올라갈수록 평균 가구원이 많아지지요. 두 명이 살 때보다 세 명이 살면 같은 수준이라도 지출하는 금액이 더 큰 건 당연합니다. 따라서 1분위에서 6분위 사이의 지출 증가액은 소득 증가의 영향과 함께 가구원 수가 늘어나는 것에도 영향을 받습니다. 이를 고려하면 1인당 지출 증가액은 이 표보다 더 적다는 걸 알 수 있지요.

이처럼 통계 자료를 볼 때는 여러 가지 측면에서 해석할 여지가 있기 때문에 조심스럽게 다루어야 하고, 한 가지 자료만 가지고 분석할 수 없는 것입니다.

같이 이야기해 봅시다!

청소년에 대한 다양한 통계 자료를 찾아보고, 통계가 의미하는 바가 무엇인지 토론해 봅시다.

3장

통계로 사회 읽기

1
통계가 보여 주는 '기후위기'

한 5년 전까지만 하더라도 '지구온난화'란 표현을 썼습니다만 이제는 '기후위기'란 말을 더 자주 씁니다. 인류가 만들어 낸 이산화탄소와 메테인 등 온실가스로 인해 지구의 평균 기온이 올랐고, 그로 인해 여러 심각한 어려움이 닥치고 있는데 이를 '위기' 상황이라 여기는 이들이 많아졌기 때문이죠.

그런데 한쪽에서는 '기후위기'가 그리 심각한 것이 아니라고도 하고, '기후위기'가 우리 인류가 배출한 이산화탄소 등의 영향 때문이 아니라는 이야기를 하기도 합니다. 물론 이런 말들을 하는 사람 중에는 정말 그렇게 믿는 이도 있겠지만 사실 대부분은 '기후위기'에 대한 대응이 자신에게 불이익을 줄 수 있기 때문에 가짜 뉴스를 내놓는 것입니다. 이번에는 이와 관련된 통계를 살펴보겠습니다.

이산화탄소 배출과 지구 기온 상승

먼저 '기후위기'가 사실인지 살펴봅시다. 〈도표 10〉은 산업혁명 이후 이산화탄소의 농도 변화를 보여 줍니다. 보통 이산화탄소의 농도 변화 그래프는 1760년부터 보여 주는데, 유럽의 산업혁명이 그 시기에 시작되었고 그 이후 화석연료 사용량이 급증해 이산화탄소 농도가 빠르게 증가했기 때문이지요. 그래프를 보면 매년 이산화탄소 농도가 평균적으로는 증가하고 있는 것이 보입니다. 대략 1800년 정도까지는 아주 큰 변화가 없지만 그 이후 조금씩 상승하고, 특히 굵은 선으로 표시되는 1960년대부터 이산화탄소 농도가 급격히 증가하는 것을 볼 수 있습니다. 그중에서도 2000년 이후 이산화탄소 농도가 더욱 빨리 증가하고 있지요. 시간이 지날수록 이산화탄소를 더 많이 배출하고 있다는 걸 보여 줍니다.

〈도표 11〉은 지구의 평균 기온 그래프입니다. 여기에선 매년 기온이 올라가기도 하고 내려가기도 합니다만 전체적으로 1960년 정도까지는 완만하게 상승하다가 그 이후 급격히 올라가고 있는 모습을 볼 수 있습니다.

기온에 영향을 미치는 요인은 다양합니다. 화산폭발이나 해류의 변화 같은 자연 요인도 있고 태양 주위를 도는 지구 공전궤도의 변화나 자전축의 변화 같은 천문학적 요인도 있지요. 이런 요인들 때문에 매년 지구 기온은 조금씩 올라가기도 하고 또 내

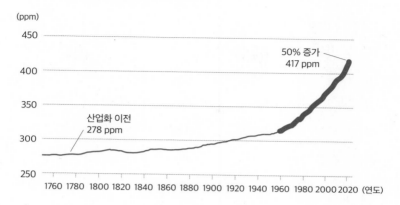

〈도표 10〉 **이산화탄소 농도 변화 그래프**

(ppm)

50% 증가
417 ppm

산업화 이전
278 ppm

〈도표 11〉 **지구 평균 기온 변화 그래프**

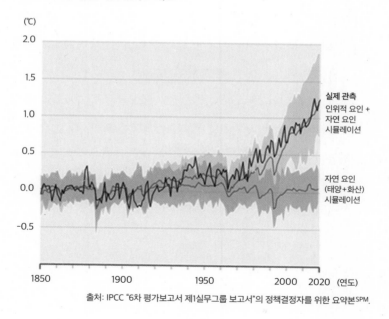

(℃)

실제 관측
인위적 요인 +
자연 요인
시뮬레이션

자연 요인
(태양+화산)
시뮬레이션

(연도)

출처: IPCC "6차 평가보고서 제1실무그룹 보고서"의 정책결정자를 위한 요약본SPM.

려가기도 합니다. 하지만 긴 시간을 두고 살펴보면 이런 변화는 평균에 수렴하게 되지요. 그래서 200년 가까운 기간의 변화 양상을 보면 〈도표 10〉과 〈도표 11〉처럼 비슷한 모습을 가지게 됩니다. 물론 이산화탄소 농도 변화와 기온 변화가 같다고 해서 이산화탄소 농도 증가가 무조건 기온 상승의 원인이라고 할 수는 없습니다. 일단 이 둘 사이에 상관관계가 있다는 것 정도만 확인한 것이지요.

〈도표 11〉을 조금 더 자세히 살펴보죠. 그래프에서 진한 검은색 선으로 표시된 그래프는 실제 관측된 연평균 지표 온도를 보여줍니다. 그 아래 회색 실선은 기후과학자들이 '인위적 요인'과 '자연 요인'을 모두 합쳐 컴퓨터로 시뮬레이션한 그래프입니다. 실제 그래프와 거의 비슷한 모습을 보입니다. 그리고 맨 아래 흐린 회색 실선은 인위적 요인을 빼고 자연 요인만으로 컴퓨터 시뮬레이션을 한 그래프입니다. 이 그래프에선 온도 상승이 거의 없지요. 이를 통해 우리는 현재의 기온 상승이 인위적 요인, 즉 인간 활동에 의한 온실가스 농도의 상승에 의한 것이라는 인과관계를 확인할 수 있습니다.

여름이 길어졌다

여기서 하나 더 확인해야 할 사실이 있습니다. 그렇다면 1도 정도의 기온 상승이 정말 인류와 생태계에 심각한 영향을 끼칠 것이냐는 것이죠. 이에 대한 자료도 있는데, 기온 상승과 관련해 가장 많이 이야기되는 것이 해수면 상승입니다. 그린란드나 남극의 빙하가 녹고 또 바닷물이 따뜻해지면서 팽창함에 따라 해수면이 상승한다는 이야기는 이제 거의 상식이 되었습니다. 이 부분을 보다 정밀한 통계를 통해 살펴봅시다.

1901-1971년까지 매년 해수면 상승 높이는 1.3mm였습니다. 그런데 2006-2018년 동안 매년 3.7mm씩 상승하고 있습니다. 거의 세 배 가까운 속도지요. 이는 〈도표 11〉의 지구 평균 기온 변화 그래프와도 아귀가 맞습니다. 1960년대 후반 이후 기온 변화가 빨라졌고 21세기에는 그 속도가 조금 더 가팔라졌습니다. 이에 따라 해수면 상승 속도도 더 빨라진 것이지요.

이런 변화는 우리나라 기후에서도 확인할 수 있습니다. 기상청에 따르면, 1991-2020년까지 최근 30년 동안 과거 1912-1940년 사이의 30년보다 연평균 기온이 1.6도 상승했습니다. 지구 전체를 따지면 같은 기간 0.8도 상승했으니 우리나라의 경우 더 심각한 것이지요. 그런데 기상청은 왜 30년간의 평균을 가지고 비교했을까요? 그 이유는 기후와 날씨의 차이 때문입니다. 날씨는 그때

지구 기온 상승으로 속절없이 녹아 나가는 극지방의 빙하.

그때의 기상 변화를 이야기합니다. 즉 어제는 더웠고 오늘은 춥다든가, 오늘은 비가 오는데 내일은 맑을 것이라는 등의 변화지요. 또 오전에는 따뜻하고 미세먼지가 많겠지만 오후에는 싸늘하고 미세먼지는 없겠다는 식으로 하루에도 몇 번씩 변합니다.

그러나 우리나라의 여름은 고온다습하고 겨울은 한랭건조하다는 식의 말은 1년 중 일정한 시기에 보이는 기상 상태의 특징을 나타냅니다. 이것을 기후라고 하지요. 이런 기후의 특징은 기상청이 30년간 일어난 다양한 기상현상을 모아 평균 낸 것을 기반으로 이야기합니다. 그래서 기온 상승을 비교할 때도 30년씩의 평균을 비교하게 된 것입니다.

기상청은 하루 평균 기온이 20도 이상 올라간 다음부터 그 미만으로 떨어질 때까지 기간을 여름이라고 정합니다. 기상청 자료에 의하면, 1910년대는 서울의 여름 일수가 평균 94일이었습니다. 약 석 달이죠. 그런데 1960년대는 103일로 9일이 늘었고, 2016년에는 여름이 142일이 되었습니다. 1910년에 비해 48일이 늘었습니다. 예전에는 여름이 석 달이었는데 이제 여름은 넉 달이 넘어갑니다. 그래서 전통적으로 여름이라고 하면 6월에서 8월까지였는데 이제 5월 중순 정도부터 9월 중순까지가 여름이 되었습니다.

또 기상청 자료에 따르면, 폭염이나 열대야 같은 더위 관련 지수도 증가했습니다. 폭염은 과거 대비 평균 1년에 하루가 더 늘었고 열대야는 평균 1년에 8.4일 증가했습니다. 추위와 관련된 지수는 감소해서 한파는 4.9일, 결빙은 7.7일이 줄었습니다. 그리고 강수량은 늘었는데 비가 온 날은 줄었습니다. 즉 한번 올 때 아주 많이 오는 경우가 늘었다는 거죠. 결국 우리나라의 기상 통계만 보더라도 '기후위기'가 심각해질수록 막대한 피해가 일어날 수 있는 극한 기후현상이 더욱 빈번하게 나타나는 걸 알 수 있습니다.

같이 이야기해 봅시다!

기후위기에 대한 가짜 뉴스를 찾아보고, 이에 대한 반박 논리를 세워 봅시다.

2
통계가 가능하게 해 준 '새벽 배송'

몇 년 사이에 온라인 쇼핑이 대세가 되었습니다. 코로나19 팬데믹의 영향도 있지만 아무래도 주문하고 상품을 받을 때까지 걸리는 시간이 대폭 줄어든 것이 가장 큰 이유인 것 같습니다. 2010년대만 하더라도 오늘 주문하면 빨라야 모레 받았는데 이제 저녁에 주문하면 다음 날 아침에 받을 수 있지요.

온라인 쇼핑몰에서는 어떻게 이렇게 빠르게 물건을 보내는 걸까요? 먼저 생각해 볼 수 있는 건 물류센터와 배달 차량을 전국에 촘촘히 깔아 놓는다는 가정이지요. 하지만 이런 물류센터와 배달 차량의 증가만으론 한계가 있습니다.

예를 들어 내일 아침 전복뚝배기가 먹고 싶다고 가정해 보죠. 오후 7시에 주문하면 다음 날 아침 6시 전에 배달이 완료됩니다.

배송할 물건들이 쌓여 있는 물류센터.

만약 내가 주문을 하고 나서 모든 일이 일어난다고 생각해 봅시다. 내가 전복을 열 마리 주문하면 인터넷을 통해 쇼핑몰 업체 컴퓨터에 등록됩니다. 쇼핑몰 업체는 이런 주문을 모아 전라남도 완도에 있는 전복 양식업을 하는 어민에게 보냅니다. 어민은 주문을 받고 양식장에서 전복을 꺼내 손질하고 포장을 하겠지요. 제 주문만 받은 게 아니라 전국에서 주문을 받았으니 아무리 빨라도 두 시간은 걸립니다. 최대한 빨리 진행해도 저녁 9시는 되어야 차가 출발합니다. 혹은 밤에는 작업이 불가능해 다음 날 아침에 작업을 시작한다면 아무리 빨라도 다음 날 저녁에나 받을 수 있겠지요.

밤에 작업을 할 수 있다고 해도 전라남도 완도에서 출발한 차는 바로 내 집으로 오는 것이 아니라 중간 집하지(각 지방에서 생산된 여러 물건이 모이는 곳)로 갑니다. 전복을 주문한 사람이 나만 있는 건 아닐 테니까요. 그렇게 대전이나 기흥 정도의 물류센터에 아주 빨라야 밤 12시 정도에 도착하면, 거기서 다시 제가 사는 서울로 가는 트럭에 전복을 싣게 됩니다. 하지만 이때도 전복만 싣는 게 아니라 서울로 가는 다양한 상품을 모아 실어야 하니 못해도 한 시간 이상은 걸립니다. 새벽 1시가 넘어 출발한 차량은 서울의 물류센터 중 한 곳으로 향하겠지요. 새벽 5시 정도에 도착한다고 해 보죠. 그곳에서 다시 상품을 재분류합니다. 제가 사는 중랑구를 담당하는 직원이 운행하는 차에 중랑구에서 주문한 상품들을 모아서 다시 실어야 하는 거죠. 이제 새벽 6시가 되어 차가 출발합니다.

이렇게 해서는 새벽 6시에 상품을 받아 보기 어렵습니다. 그런데 우린 저녁 8시 정도에 주문해도 다음 날 새벽 4시나 5시 정도에 상품을 받을 수 있습니다. 어떤 방법을 쓰는 걸까요?

배달의 마술?

이 배달의 마술에는 아주 간단한 방법이 있습니다. 나는 저녁

8시에 주문을 하지만 온라인 쇼핑몰에서는 그보다 훨씬 전에 완도에 주문을 넣는 것입니다. 오후 4시 정도에 주문을 하는 거죠. 그러면 네 시간의 여유가 생기니 소비자는 새벽에 바로 받을 수 있습니다. 또 신선도가 필요한 식품이 아닌 옷이나 화장품 같은 제품은 하루나 이틀 전에 미리 주문을 넣어 둡니다. 그래서 서울이나 경기, 부산, 광주 등 각 지역 거점의 물류센터에 보관하고 있다가 주문이 들어오면 물류센터에서 바로 배송을 나갈 수 있으니 주문부터 배달까지 서너 시간 정도 걸리기도 합니다.

그런데 이런 방법이 통하기 위해서는 아주 중요한 전제가 있습니다. 주문량이 얼마나 될지를 미리, 그것도 가능한 한 정확히 알아야 하는 거죠. 가령 온라인 쇼핑몰에서 완도의 어민에게 전복 1000마리를 보내 달라고 주문했다고 생각해 봅시다. 살아 있는 전복은 아무리 오래 버텨도 하루가 최대입니다. 즉 그날 다 팔리지 않으면 버려야 합니다. 주문이 700마리밖에 들어오지 않으면 나머지 300마리를 버려야 하는 거죠. 이 전복을 한 마리에 1000원씩에 받아 와 1200원에 판다고 가정해 봅시다. 1000마리면 어민에게 100만 원을 지불해야 합니다. 그런데 700마리밖에 팔지 못하면 판매액은 84만 원밖에 되지 않습니다. 16만 원을 손해 보게되는 거죠. 이래서는 쇼핑몰을 운영할 수가 없습니다.

반대로 주문이 1300마리가 들어오면 300마리는 팔 수가 없습니다. 주문을 했는데 품절되었다는 메시지가 계속 뜨면 자연스레 그 쇼핑몰을 이용하지 않게 됩니다. 차라리 시장이나 마트에 가서 사 버리고 말지요. 따라서 오늘 얼마나 주문이 들어올지 정확하게 예측하는 것이 아주 중요합니다. 이런 시스템이 갖춰지지 않으면 주문을 받고 나서야 어민에게 전복을 구매할 수 있고, 그러면 당일 배송이나 새벽 배송은 불가능하니까요.

인공지능의 정교한 예측

쇼핑몰은 어떻게 수요를 예측하는 걸까요? 이들은 여러 가지 통계를 이용해 수요를 예측합니다. 지난 한 달 동안 전복의 주문량이 얼마나 이루어졌는지 살펴보고, 일주일 중 어느 요일에 얼마만큼의 주문이 이루어졌는지도 살펴보지요. 날씨와 전복 주문량의 관계도 살핍니다. 계절에 따른 수요 변화도 확인하고, 작년과 재작년의 같은 날에 주문이 얼마나 있었는지도 살펴 그 상관관계를 파악합니다. 방학이나 공휴일, 명절 등이 영향을 끼치는지도 살핍니다. 또 자주 구매하는 고객의 구매 주기도 파악하지요. 이런 여러 가지 통계를 통해 서로 상관관계가 있는 것끼리 묶어 수요를 예측합니다. 이마트나 홈플러스, 코스트코 등의 대형 마트도 이런 방법을 써서 신선 식품을 주문합니다.

그런데 대형 온라인 쇼핑몰은 전복만 있는 게 아니라 아주 다양한 제품이 있습니다. 쿠팡의 경우 약 600만 개의 제품을 이렇게 미리 구매해서 물류센터에 보관하거나 배송합니다. 오프라인 마트의 경우 제품 수가 3만 개 정도이니 그 200배에 달하는 거죠. 그러니 사람이 일일이 이를 처리하기란 거의 불가능에 가깝습니다. 결국 빅데이터를 처리하는 수요 예측 인공지능을 이용합니다. 이를 통해 주문량을 정할 뿐 아니라 전국에 흩어져 있는 물류센터 별로 상품을 얼마나 구비할지, 어디에 진열할지, 어떤 동선으로 꺼내올지, 배송 트럭의 어느 자리에 놓을지도 미리 지정합니다. 쿠팡뿐만 아니라 네이버도 클로바포캐스트CLOVA Forecast라는 인공지능을 이용하고 신세계의 SSG닷컴도 네오라는 인공지능을 적용하고 있습니다.

이렇게 빅데이터를 이용한 통계는 미래를 예측하는 도구가 되기도 합니다. 물론 이전에도 이런 통계를 이용했지요. 가령 3월이 되면 봄이 오고 꽃이 핀다는 아주 당연해 보이는 사실도 몇십 년, 몇백 년에 걸친 경험이 통계가 되어 나타난 것이고요. '대한大寒이 소한小寒 집에 놀러 가서 얼어 죽었다'는 식의 속담에서 흔히 보는 절기와 관련된 이야기는 이런 통계가 여러 사람의 경험으로부터 모여 일종의 예측을 만든 것이죠. 하지만 이런 경험에 기초한 통계는 실제 인과관계를 정확하게 반영하지 못하는 측면도 있고, 또 다른 인과관계를 파악하지 못하는 측면도 있어 신뢰도가 아주 높지는 못합니다. 그런데 이제 정말 인간이 감히 다룰 엄두도 내기

개인정보에 대한 경각심을 키울 필요가 있습니다.

힘든 아주 복잡하고 거대한 통계를 다뤄 상관관계와 인과관계를 파악하는 인공지능이 등장해 이전보다 훨씬 정교한 예측이 가능해졌습니다.

단순히 어떤 물건이 언제, 어느 지역에서 얼마나 팔릴 것인지에 대한 예측 외에도 인간 행동에 대한 통계적 예측은 이제 개인별 맞춤 서비스로 나가고 있습니다. 가령 제가 검색을 하거나 SNS에 들어가면 평소 제 글이나 드나드는 커뮤니티, 이전에 클릭했던 광고, 그리고 제 나이와 성별 등을 파악하고 있다가 제 관심을 끌겠다 싶은 광고를 보여 줍니다. 이런 광고를 통해 광고주는 자신이 파는 상품이나 서비스에 관심을 가질 만한 사람에게 효과적으로 제안할 수 있습니다. 검색이나 SNS 서비스를 제공하는 기업은 더 효율적으로 광고함으로써 더 많은 광고를 확보할 수 있고요. 앞으로 영화나 음악, 뉴스 등에서도 이런 개인의 경험을 통계로 하여 최적화된 제안을 하는 모습이 더욱 정교해질 것입니다.

그런데 이 과정에서 우리가 동의하지 않거나 혹은 동의했어도 그 영향에 대해 정확히 알지 못한 상태에서 우리의 개인정보가 이들 기업에 흘러 들어가는 문제가 지금도 비판의 대상이 되고 있습니다. 이 문제는 앞으로 더욱 심각한 문제가 될 것으로 보입니다.

같이 이야기해 봅시다!

구글과 애플은 개인정보 보호를 위해 사용자의 동의 없이 마음대로 개인정보를 가져가지 못하도록 하는 정책을 시행하고 있습니다. 페이스북과 같은 SNS 기업은 이에 반발합니다.

많은 앱application들이 이용료를 받지 않거나 낮은 이용료를 받고 앱을 운영하는 것은 개인정보를 얻고 이를 이용해 맞춤형 광고를 하는 것으로 수익을 얻기 때문입니다. 개인정보 보호와 휴대폰 앱에 지불하는 사용 대가를 낮추는 효과, 둘 사이의 충돌에 대해 이야기해 봅시다.

3

통계로 보는 '교통사고'

106쪽 〈표 5〉는 1990~2018년까지 전체 교통사고 발생 건수와 부상자/사망자 수를 보여 주고, 110쪽 〈표 7〉은 음주운전 발생 건수와 음주운전에 의한 부상자/사망자 수를 보여 주고 있습니다. 이 통계를 여러 측면에서 해석해 보도록 하지요. 같은 데이터라도 어떤 시각에서 보느냐에 따라 달라지는 부분이 많습니다.

우선 〈표 5〉에서 교통사고 총 발생 건수를 보죠. 1990년 교통사고 발생 건수는 25만 5303건입니다. 2000년까지 들쑥날쑥하지만 전체적으로는 증가 추세로 2000년에 29만 481건에 이릅니다. 왜 증가했을까요? 여러 가지 측면이 있겠지만 일단 자동차가 늘어났기 때문입니다. 우리나라에서 중산층이 자가용 승용차를 타고 다니기 시작한 것이 대략 1990년 정도부터니까요. 이때부터 이전과 비교도 되지 않을 만큼 자동차가 늘어났습니다. 자동차가 늘어나면서 교통사고도 증가한 것이지요.

〈표 6〉에서 보듯 2000년 이후에도 자동차 대수는 계속 증가합니다. 정도 차이는 있지만 단 한 해도 차량 대수가 줄어든 해는 없습니다. 하지만 2000년 이후 교통사고 총 발생 건수는 이전보다 많이 줄어들었지요. 이렇게 교통사고 건수가 줄어든 것에 대해 다양한 해석이 가능합니다.

교통사고가 줄어든 이유

먼저 도로 상태가 좋아지고 교통신호가 이전보다 더 체계화되면서 교통사고 유발 요인이 줄어들었다고 생각할 수 있습니다. 또 교통사고와 관련한 벌금 및 벌칙이 이전보다 많이 강화되어 운전자들이 더 조심할 수밖에 없게 되었다는 측면도 있을 수 있지요. 혹은 자동차의 안전 운전 관련 기능이 향상되었다고 볼 수도 있습니다. 안전 운전에 대한 사람들의 의식이 개선되었을 수도 있고요. 이 중 하나가 아니라 여러 요소가 복합적으로 작용했을 수도 있습니다. 이와 관련해서는 다른 통계들이 필요하겠지요. 가령 교통법규가 개편되는 시점과 교통사고 감소 시점이 일치하는지, 혹은 교통신호 관련 개편이 일어난 시기와 일치하는지 등을 살펴봐

〈표 5〉 교통사고 발생 건수와 총 사망자 및 부상자(1990-2018년)

연도	총 발생 건수	총 사망자 수	총 부상자 수
1990	255,303	12,325	324,229
1991	265,964	13,429	331,610
1992	257,194	11,640	325,943
1993	260,921	10,402	337,679
1994	266,107	10,087	350,892
1995	248,865	10,323	331,747
1996	265,002	12,653	355,962
1997	246,452	11,603	343,159
1998	239,721	9,057	340,564
1999	275,938	9,353	402,967
2000	290,481	10,236	426,984
2001	260,579	8,097	386,539
2002	231,026	7,222	348,149
2003	240,832	7,212	376,503
2004	220,755	6,563	346,987
2005	214,171	6,376	342,233
2006	213,745	6,327	340,229
2007	211,662	6,166	335,906
2008	215,882	5,870	338,962
2009	231,990	5,838	361,875
2010	226,878	5,503	352,458
2011	221,711	5,229	341,391
2012	223,656	5,392	344,565
2013	215,354	5,092	328,711
2014	223,552	4,762	337,497
2015	232,035	4,621	350,400
2016	220,917	4,292	331,720
2017	216,335	4,185	322,829
2018	217,148	3,781	323,037

〈표 6〉 등록 차량 증가 추이 (1990-2018년)

연도	등록 대수 (만 대)	전년 대비 증가 대수 (천 대)	전년 대비 증감비 (%)
1990	339	735	27.6
1991	425	853	25.1
1992	523	983	23.1
1993	627	1,043	19.9
1994	740	1,130	18.0
1995	847	1,065	14.4
1996	955	1,084	12.8
1997	1,041	860	9.0
1998	1,047	56	0.5
1999	1,116	694	6.6
2000	1,206	896	8.0
2001	1,291	855	7.1
2002	1,395	1,035	8.0
2003	1,459	637	4.6
2004	1,493	347	2.4
2005	1,540	463	3.1
2006	1,590	499	3.2
2007	1,643	533	3.4
2008	1,679	366	2.2
2009	1,733	531	3.2
2010	1,794	616	8.6
2011	1,844	496	2.8
2012	1,887	433	2.3
2013	1,940	530	2.8
2014	2,012	717	3.7
2015	2,099	871	4.3
2016	2,180	813	3.9
2017	2,253	725	3.3
2018	2,320	674	3.0

야 합니다. 이 글에서는 거기까지 나가지는 않겠습니다. 궁금한 독자들은 직접 통계를 찾아볼 수 있습니다(인터넷 검색을 통해 어렵지 않게 찾을 수 있습니다).

두 번째로 총 부상자 수를 한번 보지요. 사고가 많이 나면 당연히 부상자도 늘 수밖에 없습니다. 실제로 1990-2000년까지 교통사고 발생 건수와 부상자 수를 비교해 보면 그렇지요. 그런데 다시 한번 살펴보죠. 2000년 이후, 정확히는 2004년 이후 교통사고 발생 건수는 대부분 22만 건 정도에서 오르락내리락합니다. 교통사고 건수는 줄어들었는데, 그에 비해 부상자 수는 많이 줄어든 것 같지 않습니다. 하지만 이렇게 표를 대충 봐서는 정확하지 않습니다. 이런 경우 평균을 내 보는 것이 더 좋지요.

1990-2000년까지 교통사고 발생 건수 평균은 연 26만 1086건이고, 2004-2018년까지 교통사고 발생 건수 평균은 연 22만 386건입니다. 2004년 이후의 교통사고는 2000년 이전의 84% 정도 수준이네요. 부상자 수는 1990-2000년까지 평균 한 해 35만 1976명이고, 2004년 이후는 평균 33만 9920명입니다. 2004년 이후의 부상자 수는 2000년 이전의 97% 수준입니다. 교통사고가 줄어든 만큼 부상자 수가 줄어들지 않았습니다.

이유가 뭘까요? 우선 생각해 볼 수 있는 것은 이전보다 차 한 대에 탄 인원이 많을 수 있다는 것입니다. 그러면 사고 한 번으로도 더 많은 인원이 부상을 입을 테니까요. 또는 이전에 비해 부상자가 발생할 만큼 심각한 교통사고 비율이 높아졌다고도 볼 수 있지요. 이 또한 또 다른 통계 자료를 찾아보아야 확인할 수 있습니다.

세 번째로 총 사망자를 볼까요? 2000년 이전 사망자는 연평균 1만 1010명이었습니다. 그런데 2004년 이후로는 사망자 수가 5333명으로 절반 이하로 줄었습니다. 총 사고 건수가 84%로 줄어드는 동안 사망자 수는 48%로 훨씬 더 줄어든 것이죠.

이 또한 몇 가지 분석이 가능합니다. 우선 자동차의 안전장치 성능이 좋아져서 같은 조건에서도 사망에까지 이르지 않게 된 측면이 있을 것입니다. 또 자동차에 탈 때 안전띠를 매는 습관이 생겨나면서 사망률이 낮아졌을 수도 있습니다. 혹은 사람들의 운전 습관이 이전에 비해 안전 운전, 방어 운전 쪽으로 형성된 측면이 있을 수도 있지요. 과속 운전에 대한 처벌이 강해지면서 운행 속도가 줄어들었을 가능성도 있습니다. 도심 내 속도제한이 시속 60km에서 50km로 낮아졌기 때문일 수도 있고요.

그런데 이렇게 사망자가 줄어든 사실과 앞서 부상자가 늘어난 사실을 같이 생각해 보면, 부상자가 늘어난 이유에 대한 다른 분석이 가능해집니다. 이전에는 교통사고가 일어나 부상이 생겨도 당사자끼리 합의하고 넘어간 경우가 많았다면, 자동차보험이 발달하면서 당사자 간 합의를 하기보다 보험처리를 하게 되면서 가벼운 부상도 모두 통계에 잡혔을 가능성이 높지요. 즉 이전에는 통계에 잡히지 않던 것이 통계에 잡히면서 부상자 수가 증가했다고 볼 수도 있는 것입니다.

　사망자가 많이 줄어든 것은 교통사고 발생 건수가 줄어들고 교통사고 중 심각한 사고의 비율이 줄어들었기 때문입니다. 그런데도 부상자가 늘어났다는 건 이전에는 통계에 들어오지 않던 가벼운 부상이 이제 대부분 통계에 들어오게 되었기 때문이라는 것이 합리적인 설명이 됩니다.

음주운전을 강력 처벌해야 하는 이유

　이번에는 음주운전 교통사고 관련 통계를 살펴볼까요? 〈표 7〉을 보면 음주운전 교통사고 발생 건수가 1990년의 7303건부터 지속해서 증가해 2003년 3만 1227건으로 정점에 이릅니다. 그리고 대체로 줄어들다가 2016년이 지나면서 2만 건 아래로 내려가죠. 음주운전 교통사고 부상자 수도 1990년 1만 707명에서 계속 증가해 역시 2003년 5만 5230명으로 가장 많다가 2016년부터 4만 명 이하로 줄어듭니다. 사망자 수는 1990년 379명에서 계속 증가해 2003년에 1113명이 되었다가 역시 2016년부터 500명 이하로 감소합니다.

　이 세 가지 통계를 보면 2004년부터 음주운전이 줄어들면서

연도	음주운전 발생 건수		음주운전 사망자 수		음주운전 부상자 수	
	건	점유율	명	점유율	명	점유율
1990	7,303	2.9	379	3.1	10,707	3.3
1991	8,377	3.1	476	3.5	11,967	3.6
1992	10,319	4	483	4.1	14,971	4.6
1993	14,961	5.7	596	5.7	21,765	6.4
1994	17,900	6.7	565	5.6	26,918	7.7
1995	17,777	7.1	690	6.7	26,300	7.9
1996	25,764	9.7	979	7.7	38,897	10.9
1997	22,892	9.3	1,004	8.7	36,023	10.5
1998	25,269	10.5	1,113	12.3	40,489	11.9
1999	23,718	8.6	998	10.7	39,282	9.7
2000	28,074	9.7	1,217	11.9	47,155	11
2001	24,994	9.6	1,004	12.4	42,165	10.9
2002	24,983	10.8	907	12.6	42,316	12.2
2003	31,227	13	1,113	15.4	55,230	14.7
2004	25,150	11.4	875	13.3	44,522	12.8
2005	26,460	12.4	910	14.3	48,153	14.1
2006	29,990	14	920	14.5	54,255	15.9
2007	28,416	13.4	991	16.1	51,370	15.3
2008	26,873	12.5	969	16.5	48,497	14.3
2009	28,207	12.2	898	15.4	50,797	14
2010	28,641	12.6	781	14.2	51,364	14.6
2011	28,461	12.8	733	14	51,135	14.9
2012	29,093	13	815	15.1	52,345	15.2
2013	26,589	12.3	727	14.3	47,711	14.5
2014	24,043	10.8	592	12.4	42,772	12.6
2015	24,399	10.5	583	12.6	42,880	12.2
2016	19,769	9	481	11.2	34,423	10.4
2017	19,517	9	439	10.5	33,364	10.3
2018	19,381	8.9	346	9.2	32,952	10

자연스레 부상자 수와 사망자 수도 줄어들었음을 알 수 있습니다.

음주운전 교통사고가 전체 교통사고에서 차지하는 비율도 1990년 2.9%에서 지속해 증가합니다. 그런데 이 비율은 2006년 14%까지 올라간 뒤 감소해 2016년에는 10% 이하가 됩니다. 그래도 1990-1992년의 3-4%에 비해선 많이 높은 편이죠. 음주운전 발생 건수가 1990년대에 지속해 늘어난 이유는 무엇일까요?

먼저 음주운전 단속을 이전보다 자주 함으로써 이전에는 드러나지 않았던 사고가 집계된 측면이 있을 수 있습니다. 이를 확인하려면 음주운전 단속에 대한 세부 통계를 더 확인해야겠지요. 또 하나는, 앞서 살펴본 것처럼 전체 교통사고 건수가 줄어든 것을 고려하면 음주운전 사고는 줄었지만 전체 교통사고가 줄어들어 그 비율은 더 높게 유지되었다는 점을 생각해 봐야 합니다. 교통사고 사망자 수가 1990년대 말에 비해 2010년대 후반에는 절반 이하로 줄어들었으니까요. 그런데도 여전히 1990년대 초반에 비해 음주운전 교통사고 사망자 수가 두 배 정도이니 이 부분에 대한 대책을 세울 필요가 있겠지요.

그리고 음주운전 교통사고에 의한 사망률은 음주운전 교통사고 비율보다 거의 대부분 높게 나타납니다. 그렇지 않은 기간은 1993-1998년뿐입니다. 음주운전 교통사고에 의한 부상자 비율도 모든 해에 음주운전 교통사고 비율보다 더 높게 나타납니다. 즉 음주운전에 의한 교통사고가 일반 교통사고에 비해 부상자와 사망자가 더 많이 나타난다는 사실을 알 수 있습니다. 음주운전을 한 경우 위급한 상황에서의 판단 및 대처 능력이 떨어지니 같은 조건이라도 부상자나 사망자가 더 생기는 것이지요. 음주운전을 강력하게 처벌하는 정책의 이유를 말해 줍니다.

학력 수준과 교통사고의 상관관계

그런데 또 하나 흥미로운 통계가 있습니다. 미국의 조사에서 가난한 사람일수록 교통사고가 많이 발생하고, 사망자 수도 많다

보행자 도로가 확보되지 않은 길에서는 더욱 보행자 안전 중심의 운전을 해야겠지요.

지속가능한 세상을 위한 통계 이야기

는 통계가 나왔습니다. 2015년 미국 일간지 〈워싱턴포스트〉는 "차 사고로 누가 죽는가, 숨겨진 불평등"이란 기사를 통해 미국 샘 하 퍼 연구팀의 논문 내용을 보도했습니다.

이에 따르면, 미국에서는 각종 교통규제와 자동차 혁신으로 교통사고 사망자 수가 지속해 줄어들고 있는데 불평등은 점점 커 지고 있다고 합니다. 1995년 교육 수준이 낮은 사람들의 사망자 수는 가장 교육을 많이 받은 이들의 2.5배였는데, 이것이 2010년 에는 4.3배 수준으로 올라갔다는 것이지요. 교육을 많이 받은 이 들의 사망자 수가 가장 많이 줄었고, 고졸 이하의 학력을 가진 이 들에서는 사망자 수가 오히려 증가했다고 합니다. 그런데 그 이유 가, 교육을 많이 받은 이들이 더 안전하게 운전해서가 아니라 저 학력의 운전자가 더 위험한 환경에 처했기 때문이라는 것입니다. 학력이 낮은 경우 그로 인해 소득 수준이 낮고 따라서 더 낡은 자 동차를 타거나 충돌 시 안전도가 떨어지는 자동차를 타고 다니는 경우가 많기 때문이라는 거죠. 또 자동차를 살 때 사이드 에어백 이나 자동경고 시스템, 후방 카메라 등 비용이 많이 드는 안전장 치를 장착하지 못했기 때문이라고 논문은 밝혔습니다. 그리고 가 난한 사람들이 많이 사는 지역에는 상대적으로 횡단보도가 부족 하고 과속방지턱 등도 많지 않기 때문에 보행자 사망률 또한 가난 한 지역이 더 높다는 것입니다.

이에 대해 학력이 낮은 경우 안전 운전에 대한 자각이 상대적으로 떨어지기 때문이라는 주장도 있습니다만 실제로는 그렇지 않은 것으로 드러났습니다. 안전띠를 매는 운전자는 교육 수준과 관계없이 전체적으로 그 비율이 늘어났기 때문에 교육 수준이 낮은 이들의 사망자 수가 늘어난 것은 결코 운전자의 탓이 아니라는 것이지요. 직업으로 운전을 하는 경우에는 정해진 시간에 도착하기 위해 제대로 휴식을 취하지 않아서 졸음운전 등으로 사고가 나는 경우가 많기도 합니다.

결국 학력 수준과 교통사고 사망자 간의 상관관계는 소득과 교통사고 사망자 수 사이의 인과관계를 보여 주는 것입니다. 아무 상관도 없을 것 같은 소득 수준과 교통사고가 사실은 밀접하게 연결되어 있다는 사실은 여러 가지 생각을 하게 합니다.

같이 이야기해 봅시다!

학교 주변이나 골목길은 보통 자동차와 자전거, 오토바이와 보행자가 구분 없이 같이 다닙니다. 이런 곳에서 안전을 위해 어떤 정책이 시행되어야 하는지, 그리고 자동차가 다닐 권리와 사람이 걸어 다닐 권리가 충돌할 때 어떻게 해결해야 할지 이야기해 봅시다.

4

백신을 꼭 맞아야 할까?

코로나19 팬데믹을 계기로 백신이 뉴스에 자주 등장하게 되었습니다. 그런데 우리는 이미 아주 오래전부터 다양한 백신을 맞고 있습니다. 기억이 잘 나지 않을 뿐 태어나서 두 살 정도 사이에 결핵, B형간염, 디프테리아, 파상풍, 백일해, 폴리오, 인플루엔자, 폐렴, 홍역, 이하선염, 수두, A형간염, 일본뇌염 등에 대한 백신을 대부분 맞았습니다.

백신은 우리 몸 안에 항체를 미리 만들어서 세균이나 바이러스가 침투했을 때 즉시 대항하도록 합니다. 그런데 코로나19 백신에 대해 여러 가지 '가짜 뉴스'가 퍼졌습니다. 코로나19 백신이 실제로 별 소용이 없다든가 아니면 그 부작용이 너무 커서 차라리 맞지 않는 편이 낫다든가 하는 이야기가 대표적이죠. 이를 통계를 통해 한번 살펴보겠습니다.

백신의 이익과 위험

미국 질병통제예방센터에 따르면, 2021년 10월까지의 통계
자료에서 3차 접종까지 마친 사람 중 코로나바이러스로 사망할
확률은 10만 명당 0.1명, 즉 100만 명당 1명입니다. 2차 접종까지
했을 경우 10만 명당 0.6명이 사망하고, 백신을 맞지 않았을 경우
7.8명이 사망한 것으로 나타났습니다. 백신을 맞지 않으면 부스터
샷까지 맞았을 때에 비해 무려 78배나 사망할 확률이 높아집니다.

<도표 12> **10만 명당 주간 사망자 수(2021년 10-11월)**

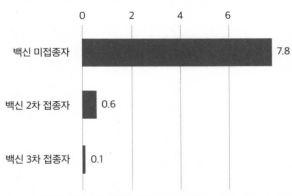

출처: 미국 질병통제예방센터(Centers for Disease Control and Prevention, CDC)

지속가능한 세상을 위한 통계 이야기

우리나라의 자료도 살펴봅시다. 2021년 12월 방역대책본부 자료에 따르면, 백신 미접종자는 10만 명당 16.56명이 감염되었고, 2차 접종까지 마친 경우 10만 명당 6.93명, 3차 접종까지 마친 경우 10만 명당 3.16명이 감염되었습니다. 3차 접종까지 마친 경우 백신 미접종자 감염율의 20%밖에 되지 않습니다.

감염되었을 때 생명이 위험할 정도의 중증 환자가 될 가능성도 살펴보죠. 미접종자의 경우 10만 명당 0.39명이 중증이 됩니다. 코로나19에 감염된 사람 1000명 중 23명 정도가 중증이 되는 거죠. 이에 비해 2차 접종까지 마친 경우에는 10만 명당 0.03명이 중증입니다. 감염된 사람 1000명 중 네 명 정도가 중증이 됩니다. 3차 접종까지 마친 경우 중증이 된 사람이 한 명도 없었습니다. 실제 사망한 경우를 살펴보면, 미접종자의 경우 10만 명당 0.06명이 사망했지만 2차 접종이나 3차 접종을 마친 경우에는 단 한 명도 죽지 않았습니다.

그렇다면 코로나19 백신을 맞고 그 부작용으로 사망한 경우는 얼마나 될까요? 우리나라보다 인구가 훨씬 많은 미국을 보면, 2021년 10월까지 백신 부작용으로 인한 사망이라고 신고한 사례가 총 8천 건이 조금 넘습니다. 신고한 이 사망 건수가 모두 코로나 백신으로 인한 것은 아닙니다. 다른 질병에 의한 사망도 코로나 백신을 맞은 기간에 사망하면 일단 신고를 했을 테니까요. 실제로 미국 질병통제예방센터에서 확인한 백신 부작용에 의한 사망자는 단 세 건뿐이었습니다. 같은 기간 미국에서 코로나19로 인한 사망자는 70만 명이 넘습니다.

결국 코로나 백신 부작용에 의한 사망은 코로나19로 인한 사망과 비교할 수도 없이 적다고 볼 수 있습니다. 영국도 마찬가지로 코로나19로 인한 사망자는 13만 7천 명이었는데 백신 부작용에 의한 사망으로 신고된 것은 1682건이었고, 이 중 실제 백신 부작용으로 인한 사망으로 판정된 것은 아홉 명입니다.

백신은 사회적 방화벽

코로나 백신을 맞아야 하는 이유는 스스로의 건강과 생명을 지키는 것 말고도 있습니다. 바로 사회적 의무입니다. 우리 주위에는 백신을 맞을 수 없는 사람들이 있습니다. 아기들과 어린이들이 대표적이고 또 임산부도 건강 상태에 따라 백신을 맞을 수 없는 경우가 있습니다. 백신에 대한 심한 알레르기가 있는 경우도 백신을 맞을 수 없고, 폐나 기관지에 심각한 질환이 있는 경우도 백신을 맞을 수 없습니다. 더구나 코로나19는 백신을 맞았다고 완전히 안심할 수도 없습니다. 중증으로 발전하는 경우가 매우 드물긴 하지만 일단 감염되면 격리를 해야 하는 등 생활의 불편함이 큽니다. 이때 가능한 한 많은 사람이 백신을 맞아 전체적으로 감염률을 낮추는 것이 중요합니다.

코로나뿐만 아니라 다른 감염병도 마찬가지입니다. 예를 들어 열대 지역을 방문하고 귀국한 사람이 콜레라에 걸렸다고 생각해 보죠. 이 사람은 마침 비행기를 타기 직전에 감염되어 증상이 없는 상태에서 귀국했습니다. 이틀이 지나서야 증상이 나타나 병원에 가서 콜레라 확진을 받습니다.

만약 우리나라 콜레라 백신 접종률이 약 95%가 넘는다면 아주 큰 문제가 되지 않습니다. 이 사람이 이틀간 다닌 곳에서 접촉한 사람이 약 500명 정도 된다고 하더라도 그중 백신을 맞은 475명은 큰 문제가 되질 않지요. 나머지 25명 중 실제 감염된 사람이 15명 정도라도 그 사람들이 만난 사람들까지 700-800명 정도만 조사하면 될 일입니다. 하지만 콜레라 백신 접종률이 약 50%라면 어떻게 될까요? 접촉한 500명 중 250명을 확인해야 하고, 그중 150명 정도가 감염되었다면 다시 그 사람들이 접촉한 사람을 파악하려면 약 3만 7500명을 조사해야 합니다. 하루 이틀 사이에 조사를 마칠 수 없으니 3만 명이 넘는 그 사람들이 또 다른 사람들과 접촉하겠지요. 그 사람이 서울에서 주로 다녔다면 서울시 전체를 봉쇄하는 사태가 벌어질 수도 있고, 사망자가 수십, 수백 명이 나타날 수도 있습니다. 실제로 메르스MERS(중동호흡기증후군)나 사스SARS(중증급성호흡기증후군)처럼 신종 감염병이 나타났을 때 그런 현상이 보였습니다. 코로나19는 말할 것도 없고요.

물론 코로나19는 다른 감염병과 달리 감기처럼 백신을 2-3차례 맞았다고 완전히 안심할 수 없습니다. 그러나 앞서 살펴본 것처럼 코로나19 백신을 3차 접종까지 마치면 감염률이 미접종자의 20%로 줄어듭니다. 그렇다면 우리나라 국민 중 80% 정도, 즉 4000만 명이 3차 접종까지 마치면 이들의 감염률은 10만 명당 3.16명이니 총 4000명 정도가 감염되는 것으로 끝납니다. 나머지 부득이한 경우를 합쳐도 감염률이 아주 낮아지지요. 그리고 이렇게 감염률이 낮아지면 사회적 거리두기를 완화할 수 있으니 식당이나 카페 등도 더 자유롭게 영업을 할 수 있게 되고 백신을 맞을 수 없는 이들도 더 안전하게 됩니다.

세계적 연대의 필요성

백신을 맞아야 하는 또 다른 이유가 있습니다. 2020년 초에 시작된 코로나19는 불과 2년 사이에 알파, 베타, 감마, 델타, 오미크론 등 다섯 번의 변이가 일어났습니다. 이렇게 변이가 빠르게 일어난 이유는 바로 감염된 사람이 많기 때문입니다.

가령 바이러스가 증식을 100만 번 하는 동안 변이가 한 번 일어난다고 가정해 봅시다. 한 사람이 감염될 때 바이러스가 1만 번 정도 증식한다면 100명이 감염될 때마다 변이가 한 번 일어난다

질병 퇴치를 위해서는 무엇보다 백신 불평등 문제를 해소해야 합니다.

고 볼 수 있겠지요. 그리고 이런 변이가 100만 개마다 하나 정도 이전보다 감염력이 높고 증상이 더 심해지는 변이가 나타난다고 가정해 보죠. 그러면 1억 명이 감염될 때마다 인간에게 더 위험한 변이가 하나씩 나타나게 됩니다. 물론 확률이니 실제로는 이보다 적거나 혹은 많이 일어날 수 있습니다. 하지만 10억 명 정도가 감염되면 대체로 열 번 정도의 변이가 나타날 수밖에 없지요.

코로나19 바이러스의 변이가 많이 일어난 것은 전 세계적으로 유행하면서 2022년 2월 현재 3억 7천만 명 이상이 감염되었기 때문입니다. 따라서 더 심한 변이가 나타나지 않게 하기 위해서라도 백신 접종을 통해 감염자를 줄이는 것이 중요한 것입니다.

그래서 전 세계적인 연대가 필요합니다. 미국이나 유럽 등의 잘사는 나라들이 백신을 대량 구입해 자기 나라 국민에게 먼저 두세 번씩 맞게 하는 것도 중요하겠지만, 가난한 나라에 백신을 지원해 이들 나라 국민도 빠르게 접종할 수 있게 만들어 전 세계적으로 감염자를 줄이는 것이 코로나19로부터 빨리 빠져나올 수 있는 가장 좋은 방법입니다. 그러나 코로나19 백신 공급에서 가장 중요한 역할을 하는 모더나나 화이자 같은 회사들의 경우 자신들이 생산한 백신의 70%를 부자 나라에 팔았고, 반대로 가난한 나라에는 주문량조차 제시간에 주지 않았습니다. 선진국들이 더 비싼 가격으로 백신을 구입했기 때문입니다. 그래서 백신이 개발된지 1년이 지났음에도 아프리카의 가난한 나라들은 백신 접종 완료율이 10% 수준이었습니다.

백신을 개발한 기업이 마음대로 백신을 판매하는 것이 아니라 국제 연대를 통해 일종의 방침을 만들어 가난한 나라에 백신을 제공하도록 요구해야 하는 이유 중 하나입니다.

같이 이야기해 봅시다!

백신이 사회적 방화벽이 되는 이유를 이야기해 보고, 백신을 맞을 필요가 없다고 이야기하는 이들에 대한 반박 논리를 만들어 봅시다.
또 백신의 불평등한 공급이 야기하는 문제를 제시하고 그 해결책을 이야기해 봅시다.

5

어른이 되면 어떤 일을 하게 될까?

이 책을 읽는 독자 대부분은 청소년이겠지요. 여러분이 20대 후반이 되면 대부분 직장을 다니게 됩니다. 지금 여러분의 장래 희망 중 꽤 높은 비율을 차지하는 것은 유튜브 크리에이터, 운동선수, 뷰티 디자이너 등 기업에 들어가지 않고 자유롭게 자신이 원하는 일을 하는 것이겠지만 실제로 20대 후반 이후 그런 직업에 종사하는 이들은 전체의 1%도 되지 않습니다. 대략 70% 정도는 기업에 취직을 합니다.

2019년 조사에 의하면, 우리나라 초등학생과 중학생이 선호하는 직업 순위는 〈표 8〉과 같습니다.

〈표 8〉 학생 희망 직업 상위 10%

	초등학생	중학생
1위	운동선수	교사
2위	교사	의사
3위	크리에이터	경찰관
4위	의사	운동선수
5위	요리사	뷰티 디자이너
6위	프로게이머	요리사
7위	경찰관	군인
8위	법률 전문가	공무원
9위	가수	컴퓨터공학자, 소프트웨어 개발자
10위	뷰티 디자이너	간호사

출처: 한국직업능력개발원 2019년 초·중등 진로교육 현황 조사

경제활동인구 & 비경제활동인구

'경제활동인구'라는 용어가 있습니다. 통계에서는 15세 이상 사람들 중 일할 의사와 능력이 있는 사람을 경제활동인구라고 합니다. 해당 연령의 사람 중 일할 의사나 능력이 없는 사람은 '비경제활동인구'라고 하지요. 비경제활동인구에서 가장 큰 부분은 학생과 전업주부입니다. 고등학생이나 대학생 혹은 대학원생, 그리고 진학이나 취업을 위해 공부하는 이들이 일단 빠집니다. 지금

지속가능한 세상을 위한 통계 이야기

공부하는 중이니 일할 의사가 없는 거죠. 또 가정에서 가사를 맡은 전업주부도 제외됩니다. 이들 두 집단이 비경제활동인구의 대부분을 차지합니다.

2021년을 기준으로 우리나라 15세 이상 인구는 대략 4508만 명 정도 됩니다. 이중 경제활동인구는 2831만 명이고 비경제활동인구는 1677만 명 정도입니다. 경제활동인구가 약 63%고 비경제활동인구가 37%가량 됩니다. 경제활동인구 중 일하지 않는 사람을 실업자라고 합니다. 2021년 현재 실업률은 3.7% 정도입니다. 즉 경제활동인구 중 96% 정도의 사람이 어떻게든 일을 하고 있습니다. 그리고 이렇게 일하는 사람들은 다시 다른 사람이나 기업에 고용되어 임금을 받는 임금노동자와 자영업을 하는 비임금노동자*로 크게 구분할 수 있습니다. 임금노동자가 76.1%고 비임금노동자는 23.9%입니다. 임금노동자 비율이 압도적으로 높지요.

이를 산업별로 살펴보면, 가장 많은 인원이 취업한 곳은 제조업으로 436만 8천 명이고 전체 취업자의 16%를 차지합니다. 두 번째는 도매 및 소매업으로 335만 3천 명으로 전체의 12.3%입니다. 세 번째는 보건업 및 사회복지서비스업으로 253만 4천 명으로 전체의 9.3%를 차지합니다. 네 번째는 숙박 및 음식점업으로

---

* 비임금노동자는 다시 고용원이 있는 자영업자, 고용원이 없는 자영업자, 무급 가족 종사자로 나눕니다. 이중 무급 가족 노동자는 전체 구성비에서 3.7% 정도입니다.

209만 8천 명으로 전체의 7.7%를 차지합니다. 건설업도 숙박 및 음식점업과 비슷한 209만 명으로 7.7%입니다. 여기까지 모두 합치면 53% 정도로 전체의 절반이 넘습니다.

예술·스포츠 및 여가 관련 서비스업은 전체의 1.7%에 불과합니다. 여기엔 도서관이나 독서실을 운영하거나 취업해 일하는 경우도 포함됩니다. 또 공연시설 운영업이나 스키장 등에서 일하는 것도 포함됩니다. 더군다나 이 분야에 종사하는 사람 26만 7천여 명 중 기업에 취업해 노동하는 임금노동자가 11만 4천여 명 정도로 절반에 가깝습니다. 프리랜서로 혼자 일하는 경우는 이 산업 부분의 절반 정도에 불과한 것이죠. 이를 모두 따져 보면 앞서 이야기한 유튜브 크리에이터, 운동선수, 뷰티 디자이너 등은 많이 잡아야 경제활동인구 전체를 200명이라고 하면 그중 한 명 정도일 뿐입니다.

노동자의 45%가 비정규직

2016년 사업체 규모별 노동자 수를 보여 주는 〈표 9〉는 상당히 복잡해 보입니다. 눈여겨볼 지점을 같이 찾아볼까요?

먼저 고용이 안정적이고 월급이 높은 곳은 대부분 대기업입니다. 표에서 300인 이상 사업자는 대기업이라고 할 수 있습니다.

지속가능한 세상을 위한 통계 이야기

전체 1736만여 명이 일하는데, 그중 300인 이상 사업자에서 일하는 사람은 264만 명(표에서 회색 표시 부분)밖에 되지 않습니다. 나머지 1500만여 명은 중소기업이나 그보다 규모가 더 작은 곳에서 일한다는 것이지요. 그리고 자영업자는 총 121만여 명이고, 무급 가족 및 기타 종사자를 합쳐서 237만여 명입니다. 자기가 가게를 하거나 가족이 하는 가게에서 일하는 경우가 전체 1736만여 명 중 이 정도입니다. 이 둘을 합치면 500만 명이 조금 넘습니다. 그러니 자영업을 하거나 300인 이상 대기업에 다니는 사람을 뺀 1200만 명이 넘는 절대다수가 중소기업에서 일하는 것이죠.

또 하나, 임시 및 일용근로자 수가 전체적으로 257만여 명입니다. 그런데 여기에는 함정이 하나 있습니다. 가령 상업계 고등학교를 졸업하고 금융회사에 취직하면 상용근로자이지만 대졸 정규직과는 월급이나 처우에서 많은 차이가 납니다. 그런데도 임시 및 일용근로자가 아니라 상용근로자에 포함되지요. 또 무기계약직이라고 해서 계약기간이 정해져 있지 않아 상용근로자에 속하지만 정규직이 아닌 경우도 있습니다. 자영업 및 기타 종사자에 속하는 이들 중 택배 노동자나 오토바이 배달 노동자의 경우는 사실상 비정규 노동자라고 봐야 하고요. 이런 경우를 모두 합하면 전체적으로 노동자의 45% 정도가 비정규직이라고 볼 수 있습니다.

앞으로 누가 어디서 일할지는 알 수 없습니다. 하지만 여러분 중 70% 이상은 중소기업에서 일하게 될 것은 분명한 사실입니다.

<표 9> 사업체 규모별 노동자 수(2016년)

규모별	2016년					
	사업체 수 (개)	총 종사자 수 (명)	자영업자 (명)	무급 가족 및 기타 종사자 (명)	상용근로자 (명)	임시 및 일용근로자 (명)
전 규모	1,950,338	17,362,903	1,219,395	1,158,187	12,415,075	2,570,246
1-4인	1,200,656	3,213,847	867,026	220,848	1,507,733	618,240
5-9인	449,479	2,866,072	274,950	135,478	1,935,729	519,915
10-29인	220,099	3,421,150	68,094	257,947	2,656,103	439,006
30-49인	38,740	1,454,086	5,486	198,885	1,083,149	166,566
50-99인	24,861	1,691,736	2,837	162,335	1,321,761	204,803
100-199인	10,352	1,399,874	820	97,149	1,127,463	174,442
200-299인	2,793	670,310	125	30,955	545,731	93,499
300-499인	1,767	666,213	46	27,043	530,637	108,487
500-999인	1,053	718,834	10	20,282	586,262	112,280
1000인 이상	538	1,260,781	1	7,265	1,120,507	133,008

우리나라만 그런 것은 아닙니다. 전 세계 어느 나라나 사람들이 가장 많이 일하는 곳은 대기업이 아니라 중소기업이죠. 그리고 여러분 중 최소한 40% 이상은 비정규직으로 일하게 됩니다. 이 또한 우리나라만의 일은 아닙니다. 비율은 조금 다르지만 미국이나 유럽의 다른 나라에서도 전체 노동자의 30% 정도는 비정규직으로 일합니다.

128

개인으로는 더 좋은 일자리를 찾는 것이 중요할 수 있습니다. 대기업에 취업하거나 의사나 변호사, 변리사 등 전문직에서 일하기 위해 더 노력하는 것도 중요하겠지요. 하지만 결국 우리 중 절반 이상이 중소기업에서 일해야 하고, 절반 가까이가 비정규직에서 일해야 한다는 사실에는 변함이 없습니다.

그렇다면 중소기업 노동자나 비정규직이 지금보다 더 나은 환경에서 더 안정적으로 일할 수 있는 사회를 만드는 것 또한 나 자신이 더 좋은 일자리를 차지하는 것만큼이나 중요하지 않을까요? 누군가는 갈 수밖에 없는 중소기업이고 비정규직이라면, 그곳에서도 더 희망찬 미래를 만들 수 있도록 사회 전체가 힘을 모아야 하겠지요.

--------------------- **같이 이야기해 봅시다!** ---------------------

우리 모두가 대기업에 취업하거나 전문직이 될 순 없습니다. 사회는 다양한 분야에서 다양한 일을 하는 이들이 있어야 하기 때문이지요. 그러나 특정한 직업을 제외하곤 임금에서도 사회적 평가에서도 차별을 받는 것이 현실입니다. 이를 해결하기 위해 어떤 노력이 필요할까요?

6

정말 대학이 인생을 좌우할까?

    초등학교에서부터 고등학교에 이르기까지 많은 학생이 열심히 공부합니다. 이유는 대부분 '좋은 대학'에 진학하기 위해서죠. 그런데 '좋은 대학'에 가는 이유는 무엇일까요? 물론 자신이 정한 학문 분야를 가장 잘 가르치는 학교에서 교육을 받고 싶다는 생각도 있겠지만 아무래도 좋은 대학을 나와야 좋은 직장을 구하기 쉽다는 이유도 많이 작용할 것입니다. 실제로 그럴까요? 네, 통계에 따르면 그렇습니다.

    일단 좋은 일자리란 고용이 보장되고 임금이 높은 곳이겠지요. 이런 곳 중 가장 많은 일자리를 가진 건 대기업입니다. 그다음으로 의사나 치과의사, 약사 등 의료 관련 전문가, 검사나 판사, 변호사 등의 법률 전문가, 변리사나 세무사 등 어려운 시험을 통

<표 10> 정규직, 비정규직, 기업 규모에 따른 초봉 차이

		월평균 초임
정규직	대기업	305만 원
	중견기업	245만 원
	중소기업	191만 원
비정규직	대기업	179만 원
	중소기업	138만 원

과해야 하는 전문가 집단이 있습니다. 행정고시 등을 통해 고위 공무원으로 등용되거나 교수나 교사 등도 이에 해당하는 집단이라고 볼 수 있고요. 이런 일자리에 해당하는 이들을 제외한 나머지 일자리는 일단 첫해 급여에서부터 차이가 납니다.

〈표 10〉에서 보듯 대기업 정규직은 첫 월급이 300만 원 정도 됩니다. 이에 비해 중견기업은 245만 원으로 60만 원 정도 차이가 나고, 중소기업은 110만 원 이상 차이가 납니다. 비정규직은 말할 것도 없습니다. 게다가 대기업의 임금인상률은 여타 중견기업이나 중소기업보다 더 높습니다. 시간이 지날수록 격차가 커지고 40대나 50대쯤 되면 몇억 원의 차이가 나게 됩니다.

상위 열 개 대학 졸업자가 독식한 좋은 일자리

대기업을 비롯해 이런 좋은 일자리는 한 해에 약 3만 개 나옵니다. 2018년 기준으로 대학 신입생은 약 54만 명입니다. 여기에는 재수생이나 반수생 혹은 연령대가 다른 사람도 섞여 있습니다. 그런 점을 감안하고 또 아예 대학을 가지 않는 25-30%가량의 또래를 생각하면 3만 개의 일자리는 많아야 전체 일자리의 15-20% 정도라고 볼 수 있습니다.

그런데 흔히 말하는 명문대학의 신입생 수가 바로 3만 명 정도입니다. 소위 열 개 명문대학(어느 대학이 명문대학인지는 꼽는 이들에 따라 두세 곳이 바뀌기도 합니다. 그렇지 않다고 하더라도 굳이 이 책에 명문대학이 어디인지 밝힐 필요도 없다고 생각합니다)과 전국의 의과대학, 약학대학, 한의과대학 등과 교육대학에 한 해 입학하는 이들이 얼추 3만 명 정도 됩니다. 물론 명문대학에 갔다고 모두 좋은 일자리를 갖는 건 아니고, 명문대학에 들어가지 못하면 좋은 일자리를 얻지 못한다는 말도 아닙니다. 개인의 노력과 운 그리고 능력에 따른 다양한 가능성은 항상 있지요. 하지만 개인에게는 우연이라도 통계로는 필연인 결과가 있습니다. 〈표 11〉을 봅시다.

소위 명문대학을 졸업한 이들의 월 급여는 269만 원입니다. 수도권 대학 졸업자의 월 급여는 208만 원 정도고요. 그런데 수도권 대학에서 상위 열 개 대학을 빼면 이 금액은 더 내려갑니다.

지방대학의 196만 원 또한 지방의 의과대학, 한의과대학, 포스텍 POSTECH(포항공과대학교)이나 카이스트 KAIST(한국과학기술원), 그리고 약학대학을 빼면 더 내려갑니다. 결국 대부분의 좋은 일자리를 명문대학을 나온 이들이 독차지하고 있음을 통계가 보여 주는 것이지요. 전문대학 졸업자의 급여가 202만 원으로 더 높은 건 첫 월급이 아니라 2년 동안 직장에 다녀 월급이 오른 것을 반영했기 때문입니다.

〈표 11〉 **대졸자의 출신 학교 유형별 초봉과 취업률**(2011년 기준)*

	월 급여	취업률
상위 10개 대학	269만 5천 원	87.7%
수도권 대학	208만 2천 원	85.2%
지방 대학	196만 7천 원	82.9%
2년 경력 전문대	202만 원	85.9%

가령 삼성전자에서 신입 사원을 뽑았는데, 서울대학 출신과 지방의 4년제 대학 출신이 같이 뽑혔을 때 서울대학 출신이라고 월급을 더 많이 줄까요? 그런 일은 절대 없습니다. 나중에 일한

* 채창균, "4년제 대졸과 전문대졸의 초기 노동시장 성과 비교", 〈KRIVET 이슈브리프〉 50, 조귀동, 《세습중산층사회》, 생각의힘, 34쪽에서 재인용.

성과에 따라 임금 인상이 서로 다를 순 있어도 대학에 따라 혹은 성별에 따라 첫 월급을 달리 주지는 않습니다. 그런데도 불구하고 상위 열 개 대학의 첫 월급이 저렇게 높은 것은 결국 임금이 높은 좋은 일자리를 소위 명문대학 졸업자가 독식하고 있다는 걸 보여 줍니다.

임금 격차를 줄이기 위한 방안

물론 월급을 많이 받는다고 더 행복한 인생이라고 여길 순 없습니다. 더 적은 월급을 받고도 행복할 수 있지요. 하지만 명문대학 출신이라는 이유로 좋은 일자리를 독식하고, 반대로 그런 대학이 아니라고 많은 이들이 선망하는 일자리를 얻기 힘들어진다면 그게 과연 올바른 사회라고 할 수 있을까요? 그리고 만약 명문대학 출신이라는 조건을 제외하고 개인이 가진 능력만으로 입사가 결정된다면, 지금처럼 명문대학이 좋은 일자리를 독식할 수 있을까요? 우리가 명문대학에 가기 위해 기를 쓰고 공부하는 이유가 오직 좋은 일자리를 명문대학이 독식했기 때문이라면, 이는 공정한 걸까요?

대기업 인사과에서 조사한 자료를 보면, 입사 이후 3년이 지난 시점에서 일하는 능력이나 성과는 어느 대학을 나왔는지와 전혀

우리 사회의 여러 현상과 상황을 '정의'의 잣대로 살펴보면 어떨까요?

상관관계가 없다고 합니다. 그런데도 취업 현장에서 명문대학이 우대를 받는 현실은 앞으로 개선되어야 할 지점일 것입니다.

　여기서 또 하나 생각해 볼 거리가 있습니다. 대기업과 중소기업의 임금 격차가 이렇게 큰 것은 과연 합당한 것일까요? 사실 서울이 아닌 곳에서 살면서 이 책을 읽는다면 이런 생각이 들 수도 있습니다. '좋은 대학은 대부분 서울에 있는데, 나는 그 좋은 대학을 가려면 가족과 떨어져 서울에서 홀로 살아야 하는데, 그런데도 서울로 가야 할까?' 물론 그보다 먼저 그 좋은 대학을 갈 성적을 받을 수 있을까를 고민할 수도 있겠지만요.

그런데 서울의 명문대학으로 진학하는 가장 중요한 이유인 대기업과 중소기업의 임금 격차가 줄어든다면, 서울 소재의 대학에 진학해 굳이 비싼 돈을 들여 서울에서 자취하거나 하숙할 필요가 없겠지요. 자기가 사는 지역에 있는 대학에 다니고, 그 지역 회사에 다니면서 안정적으로 사는 삶을 바라는 이들도 많을 것입니다. 그런데 현실적으로 지역에서 대학을 나와 지역의 중소기업에 취업을 하려고 해도 마땅한 일자리가 없거나, 또 취업을 해도 월급이 적은 경우가 많습니다. 그러니 다들 서울로 가려는 것이겠지요. 그래서 이 문제의 근본 해결책은 임금 격차를 줄이는 것입니다.

여기에 대기업은 상대적으로 돈을 많이 버니 노동자에게 월급을 많이 줄 여력이 있고, 중소기업은 그럴 형편이 안 되는 것이라고 이야기하는 사람도 많습니다. 물론 틀린 말은 아닙니다. 하지만 관점을 조금 바꿔 보면 어떨까요? 기업들이 더 좋은 환경에서 사업을 하도록 정부에서 주는 지원금이나 여타 세제 혜택이 많습니다. 이런 정부의 지원금을 대기업과 중소기업의 임금 격차를 줄이는 데 사용할 수는 없는 걸까요?

또 임금만이 소득은 아닙니다. 가령 소득이 아주 적은 사람에게는 정부에서 의료보험료와 교육비를 지원합니다. 이런 것을 조금 어려운 말로 '공적 소득이전'이라고 하지요. 그렇다면 일을 해서 버는 소득이 월 100만 원인 가정에 정부에서 100만 원을 더 지원해 주면 어떨까요? 이전과는 전혀 다른 삶을 살 수 있을 것입

지속가능한 세상을 위한 통계 이야기

니다. 또는 일해서 버는 소득이 월 200만 원인 가정에게 정부에서 50만 원을 더 지원해 주어도 마찬가지겠지요. 정부의 복지제도가 더 활성화되어 소득이 낮은 사람들에게 더 많은 혜택이 돌아간다면, 임금 격차가 좀 있더라도 소득 격차는 줄어들 것입니다.

이렇게 소득 격차가 줄어든다면 명문대학에 가기 위해 공부하는 대신 자신이 정말 원하는 일을 하기 위한 공부나 노력을 할 수 있지 않을까요?

같이 이야기해 봅시다!

우리가 공부하는 이유가 대학 진학이나 좋은 일자리를 얻기 위한 것만은 아닐 것입니다. 그러나 현실은 좋은 대학, 좋은 일자리가 공부 목적의 전부인 것처럼 여겨지는 것도 사실입니다. 여러분이 생각하는 공부의 이유를 같이 나누고, 그것을 위해 어떤 노력이 필요한지 이야기해 봅시다.

누가 명문대학에 갈까?

서울에서 소득 수준이 낮은 지역이라고 할 수 있는 중랑구를 예로 들어 설명해 보겠습니다. 이 동네에서는 전교 1등에서 10등 정도만 소위 상위 열 개 대학에 입학합니다. 물론 대부분 수시전형이고 정시전형으로 입학하는 경우는 거의 없습니다. 수시도 학생부종합전형(학종)보다는 내신전형이 더 많이 차지합니다. 서울대학은 수시가 아니면 아예 갈 생각을 말아야 합니다. 수학능력시험(수능) 점수로 서울대학에 붙는 경우는 중랑구의 공립·사립 고등학교 전체를 통틀어 1년에 한두 명 정도일 겁니다. 이런 사정은 지방으로 내려가도 마찬가지입니다. 자율형사립고등학교(자사고) 같은 특별한 경우를 제외하고 정시모집으로 서울대학에 붙는 것은 아마 시 단위나 군 단위 전체를 통틀어 1년에 한 명이면 많이 나오는 걸 거예요. 지방의 고등학생 중 서울대학에 진학하는 경우는 대부분 수시전형입니다.

수시는 강남의 사립 고등학교나 자사고, 과학고등학교, 외국어고등학교 등을 제외한 나머지 대다수 학교에 다니는 아이들이 소위 명문대학에 갈 수 있는 가장 유력한 방법입니다. 그것이 학종이든 내신이든 불균형을 해소하는 꽤나 유력한 방법으로 작용하고 있는 것이죠.

수능 성적이 좋은 아이가 좋은 대학에 가는 것이 가장 공정한 것 아니냐고 하는 이들도 있지만, 수능 시험 자체가 이미 기울어진 운동장이라고 생각합니다. 부유한 집 아이들은 초등학교 때부터 돈으로 학력을 삽니다. 물론 부유한 집 아이들의 잘못은 아닙니다. 그렇다고 열심히 공부시키려는 부자인 부모를 탓할 수도 없는 노릇입니다. 그러나 사교육에 들어가는 돈의 차이는 무시할 수 없는 학력의 차이를 만듭니다.

사교육이라고 다 같을까요? 중랑구의 저소득층 아이들은 학원에 다니지 못하거나 아니면 한 반에 스무 명씩 몰아넣는 학원에서 국·영·수·과·사 다섯 과목에 월 20만 원 정도 수업료를 내고 수업을 받습니다. 초등학교 때만 그런 것이 아니라 중등 때도 그렇고 고등 때도 그렇습니다.

반면 돈 있는 집 아이들은 초등학교 때부터 과외나 소수 정예 학원에서 과목당 최소 40만 원 정도의 수업료를 내고 수업을 받습니다. 한 아이의 사교육에 들이는 비용이 열 배 가까이 차이가 납니다. 중랑구의 학원 선생님이 강남의 학원 선생님보다 못 가르치는 건 아닐 겁니다. 하지만 한 반에 20명씩 들어찬 학력 차가 많이 나는 아이들을 한꺼번에 가르치는 것과 많아야 너댓 명의 비슷한 수준의 아이를 가르치는 것은 같은 선생님이라도 차이가 클 것입니다.

언어 연수도 격차를 만듭니다. 잘사는 집 아이들 중 꽤 많은 수가 초등학교 때 이미 미국 등에서 언어 연수를 받습니다. 이들에게 중·고등학교 영어는 아주 쉽습니다. 영어 공부를 덜 해도 되니 그 시간에 수학 공부를 집중적으로 합니다. 중학교가 끝날 때쯤 이미 수학 공부가 어느 정도 완성됩니다.

물론 수십 명씩 같이 강의를 들어도 잘하는 아이들이 있습니다. 반대로 비싼 사교육을 받아도 성적이 잘 나오지 않기도 하죠. 그러나 통계와 확률은 우리에게 결과를 보여 줍니다. 어려서부터 비싼 사교육을 받은 아이들과 그렇지 않

기울어진 운동장

처음부터 공정한 경쟁을 할 수 없는 상황을 비유적으로 이르는 말.

은 아이들의 평균 성적은 고등학교에 올라갈 때쯤이면 이미 꽤 많은 격차가 납니다.

소위 대학의 등급이 신분 상승의 지렛대 역할을 하지 못하게 된 것은 이미 오래된 일입니다. 그러나 강북의 공립학교에서 공부 좀 한다는 친구들도 정시로는 서울 시내의 전문대학 진학 정도가 목표가 되는 상황 자체는 변함이 없습니다. 이런 차이가 부모의 소득에 의해 결정된다면, 이 또한 문제가 있는 것 아닐까요?

지속가능한 세상을 위한 통계 이야기

4장

지속가능한
세상을 위한 통계

1
장애인 친구가 드문 이유

이 글을 읽고 있는 여러분 중 장애인은 얼마나 될까요? 보건복지부의 시·도 장애인 등록 현황 자료에 따르면 2020년 우리나라의 등록장애인은 총 263만 3천 명입니다. 등록하지 않은 장애인은 등록장애인의 5% 정도 되니 대략 따져 보면 스무 명 중 한 명 정도가 장애인인 셈입니다. 그런데 자신이 장애인인 경우를 제외하고 주변 친구들 중 장애인 비율이 과연 그 정도인가 생각해 보면 그렇지 않습니다. 한 반에 한 명 정도는 장애인이어야 하는 비율인데 주변 교실을 둘러보면 그 정도는 아니거든요. 또 버스를 타거나 지하철을 탔을 때도 장애인이 그 정도 비율로 있나 헤아려 보면 그 또한 훨씬 적습니다. 왜 이런 현상이 나타나는 걸까요?

다음 〈표 12〉는 그중 하나의 이유를 보여 줍니다.

〈표 12〉 **연령별 장애인 비율(2018년)**

연령	연령별 비장애인 대비 장애인 비율(%)
0-9	0.6
10-19	1.1
20-29	1.3
30-39	1.8
40-49	3.1
50-59	5.8
60-69	10.1
70-79	18.6
80이상	34.8

표를 보면, 0-9세 사이는 장애인이 0.6%밖에 되지 않습니다. 즉 100명 중 한 명도 안 되는 거죠. 여러분 연령대인 10-19세를 보면 조금 높아져서 1.1%입니다. 즉 100명 중 한 명 정도입니다. 그러니 여러분 학교에서 네 반이나 다섯 반 정도를 합쳐야 그중 한 명 정도 장애인이 있는 거죠.

장애인 비율은 나이가 많아질수록 높아져서 여러분들 부모님 나이 정도인 50대가 되면 100명당 5.8명 정도가 됩니다. 그리고 60세가 넘으면 그 비율이 치솟지요. 60대는 10.1%로 열 명 중 한 명, 70대는 18.6%로 약 다섯 명 중 한 명이 장애인이고, 80대가 되면 34.8% 즉 세 명 중 한 명이 장애인입니다.

장애의 대부분은 후천적 장애

장애인이 아닌 이들 중에는 장애가 대부분 선천적인 것이라고 생각하는 사람들이 많습니다만, 〈표 12〉는 장애의 대부분이 후천적이라는 사실을 보여 줍니다. 즉 태어날 때부터 장애를 가진 이들은 장애인 전체에서 아주 일부분에 불과하고(0-9세 사이 장애인 중 상당수가 선천적 장애인인데, 이 비율은 보다시피 아주 작습니다) 대부분 살아가면서 각종 사고나 질병으로 장애인이 된다는 것이죠.

그리고 지금 장애를 가지고 있지 않은 사람도 장래에 장애를 가질 확률이 낮지 않다는 것도 통계가 보여 줍니다. 21세기 들어 우리나라 평균 수명은 80세를 훌쩍 넘어 83.3세입니다. 노령층을 보통 65세부터라고 한다면, 노인이 된 후 약 18년 정도를 살게 됩니다. 그리고 이 시기 장애를 가지게 될 확률은 20-30% 정도가 되는 거죠. 우리 열 명 중 두세 명은 노인이 되면 장애인이 된다는 뜻입니다.

하지만 이런 연령별 장애인 비율이 버스나 지하철에서 그리고 마트나 영화관 등에서 장애인이 보이지 않는 이유를 모두 설명하는 것은 아닙니다. 앞서 살펴본 것처럼 10대 시절의 장애인 비율은 굉장히 낮지만 연령이 높아지면서 늘어나고, 결국 우리나라 전체로 보면 스무 명 중 한 명이 장애인인 것은 사실입니다. 하지만 우리가 집 밖에서 장애인을 마주치는 일은 이보다 훨씬 적습니다. 이는 장애인들이 집 밖으로 잘 나오지 않기 때문입니다. 그 가장 큰 이유는 다니기 불편하기 때문이고요.

〈도표 13〉은 보건복지부에서 제공하는 우리나라 연도별 등록 장애인 추이를 보여 줍니다. 연도별로 맨 왼쪽의 '지체장애' 막대가 가장 높지요. 장애도 여러 종류가 있는데, 그중 지체장애인이 가장 많은 걸 보여 줍니다. 나머지를 모두 합쳐도 지체장애보다

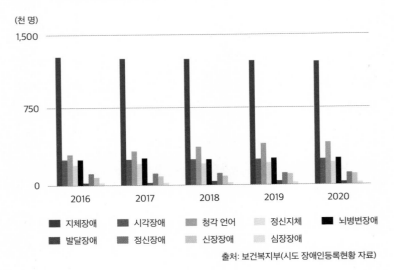

〈도표 13〉 **연도별 등록장애인 추이**

출처: 보건복지부(시도 장애인등록현황 자료)

지속가능한 세상을 위한 통계 이야기

적습니다.

지체장애란 질병이나 사고 후유증 등으로 신체 활동을 하는 데 제약을 받는 장애를 말합니다. 태어날 때부터 팔이나 다리가 없거나 사고로 상실한 경우, 뼈가 부러지거나 염증이 생겨 관절을 제대로 움직이지 못하는 경우, 근육을 사용하는 데 마비가 있는 경우 혹은 다리 한쪽이 짧거나 왜소증으로 키가 아주 작은 경우 등이 이에 해당합니다. 이들 중 손에 장애가 있는 경우를 제외하면 걷는 데 불편이 있거나 휠체어나 목발 등의 보조 장치를 사용해야 합니다.

장애인의 이동권

전동휠체어를 타야 이동이 가능한 이들을 생각해 봅시다. 이들은 지하철을 타기 위해 계단이나 에스컬레이터를 이용할 수 없습니다. 오로지 엘리베이터만 이용할 수 있지요. 요사이 지하철역 대부분이 엘리베이터를 갖추고 있는데, 이는 이들 장애인들의 요구 덕분입니다. 버스도 마찬가지죠. 일반 버스는 장애인이 이용할 수 없고 저상버스(바닥이 낮고 출입구에 계단이 없는 버스)만 이용할 수 있습니다. 택시도 물론 타기 힘듭니다. 장애인용 콜택시가 따로 있는 까닭이죠.

먼 거리를 가는 경우는 더욱 심각합니다. 고속버스나 열차를 타려 해도 탈 수 있는 차가 워낙 적습니다. 고속버스의 경우 현재 휠체어를 사용하는 장애인을 위한 노선은 서울-부산, 서울-전주, 서울-강릉, 서울-당진 딱 네 곳밖에 없습니다. 이 네 노선에 총 열 대가 배정되어 있습니다. 노선당 하루 두 대 정도 운행할 수 있는 수량이죠. 더구나 이 버스들에도 휠체어석은 딱 두 개뿐입니다. 하루에 네 명만 이용할 수 있습니다. 이마저도 2019년부터 시작된 일이고요. 그 이전까지 장애인은 어떤 고속버스도 이용할 수 없었습니다. 시외버스 또한 이용이 불가능합니다. 비행기도 마찬가지고요. 비행기에서 휠체어를 사용하는 장애인을 위한 좌석을 본 적 있나요? 없지요? 현재 열차의 경우만 장애인석이 확보되어 있습니다. 결국 지체장애인은 열차가 가는 곳만 갈 수 있다는 얘기지요.

교통수단만 문제가 되는 건 아닙니다. 여러분이 자주 이용하는 식당이나 카페도 생각해 봅시다. 일단 2층 이상이나 지하의 경우 엘리베이터가 없으면 갈 수가 없습니다. 1층에 있는 가게라고 하더라도 계단이 한두 개라도 있으면 휠체어는 오를 수 없습니다. 계단이 아니라 5cm 정도 되는 턱만 있어도 이용이 힘들지요. 최근엔 계단 옆에 휠체어로 오를 수 있는 경사로를 만든 곳이 늘어나고 있지만, 관공서나 대형 건물을 제외하곤 드물고 또 경사각이 가팔라 올라가기 힘든 경우도 많습니다. 결국 장애인을 배려한 교

휠체어를 타고도 어디든 다닐 수 있다면 장애인들도 지금처럼 외출이 어렵지 않을 것입니다.

통수단이 거의 마련되어 있지 않고 드나들 수 없는 곳이 너무 많기 때문에 장애인들은 외출을 하고 싶어도 외출하기가 쉽지 않은 것입니다.

　그리고 중증 장애인의 경우 아예 장애인 시설에서 사는 경우도 많

장애인 시설

장애인에게 편리한 시설과 여건을 마련하여 장애인들이 함께 모여 생활할 수 있도록 한 곳.

습니다. 가족이 돌보기 힘들어 장애인 시설에 입주시킨 경우죠. 이런 경우 장애인 시설 밖으로 나오는 일은 거의 불가능합니다. 이런 장애인이 2019년 현재 2만 9662명입니다. 전체 장애인의 1% 정도가 갇혀 산다고 할 수 있습니다. 장애인 시설에 거주하는 경우가 아니더라도 중증 장애인은 아예 집에서만 지내는 경우가 많습니다.

시각장애인도 그렇습니다. 시각장애인은 전체 장애인의 9.6% 정도입니다. 대략 장애인 열 명 중 한 명 정도인 셈이지요. 그렇다면 국민 200명 중 한 명 정도는 시각장애인이란 뜻이고요. 그러나 시각장애인을 거리에서 만나 보기란 쉽지 않습니다. 휴일에 집을 나서 마을버스를 타고 지하철역에 내려서 다시 지하철을 타고 종로나 강남을 갑니다. 거기서 영화관을 가고 커피숍에 들리고 식당에 들러 친구와 놀다 다시 지하철을 타고 마을버스를 타고 올 때까지, 우리 주변을 지나친 수천 명의 사람 중 시각장애인 한 명을 보기 힘듭니다. 횡단보도의 음성안내장치 외에 시각장애인을 위한 별다른 시설이 없기 때문이지요.

그동안 우리 사회는 장애인을 위한 사회적 조치에는 눈을 감은 채 달려왔고, 그래서 장애인들은 외출조차 하기 어려운 현실입니다. 이것이 우리가 거리와 시장, 식당, 대중교통에서 장애인을 만나 보기 어려운 이유이고, 실제보다 장애인이 훨씬 적은 걸로 생각하게 된 이유입니다.

장애인들이 집 밖으로 잘 나가지 못하는 것은 우리 사회가 장애인의 이동권을 제대로 보장하지 않기 때문입니다. 장애인 중에는 지체장애인도 있고 시각장애인이나 청각장애인도 있습니다. 장애의 종류별로 이들의 이동권을 보장하기 위해 어떤 조치가 취해져야 할까요?

장애인 때문에 약속에 늦었다?

지하철 승강장에서 열차를 기다리는데 "서울교통공사에서 알려드립니다. 현재 5호선 동대문역사문화공원역 승강장에서 장애인 단체 시위가 진행되어 열차 운행이 지연되고 있습니다"란 안내 음성이 스피커를 통해 나오는 걸 들어본 적 있나요? 거의 매년 지하철역에서, 시내버스 정류장에서, 고속버스터미널이나 KTX 역사에서 장애인들이 출구를 가로막고 시위를 벌입니다.

내심 투덜거리는 사람도 있고 발길을 돌려 다른 교통편을 이용하는 사람도 있지만, 어떤 사람들은 시위하는 장애인들에게 직접 불만을 터트리지요. 왜 하필 바쁜 출근 시간에 시위를 하느냐, 왜 하필 고향에 가는 명절에 시위를 하느냐, 왜 하필….

시위하는 장애인이 그들에게 이야기합니다.

"우린 몇십 년을 기다렸어요."

"우리도 명절에 고향에 가고 싶은데 지금껏 단 한 번도 고속버스를 타지 못했습니다."

"우리도 사람 붐비는 출근 시간에 지하철역에 가고 싶지 않아요. 하지만 당신들과 마찬가지로 우리도 그 시간에 지하철을 타야 할 이유가 있어요. 그런데 우린 몇십 년 동안 바쁜 출근길에 지하철을 타지 못했어요."

"우린 저상버스를 타기 위해 한 시간을 기다리기도 합니다. 우린 탈 수조차 없는 일반 버스를 당신들이 타고 가는 걸 열 번을 보면서 저상버스를 기다려요.

우린 아무리 바쁘고 급한 일이 있어도 탈 수 없는 버스를 보고만 있었어요."

서울시의 지하철역 대부분에는 엘리베이터가 설치되어 있습니다. 이 엘리베이터를 장애인도 이용하지만 노인과 임산부도 이용하지요. 이 엘리베이터가 처음부터 지하철역에 있었던 건 아닙니다. 없는 지하철역이 훨씬 많았습니다. 장애인들이 지하철 문을 막고 시위를 하면서, 철로에 내려가 자신의 몸을 쇠사슬로 묶고 시위를 하면서, 정부와 서울시와 싸우면서 하나씩 설치된 것이지요.

아직 모든 버스가 저상버스는 아니지만, 서울시는 다른 지역보다 저상버스가 많이 도입된 편입니다. 이 역시 마찬가지로 장애인만 이용하지는 않습니다. 노인이나 어린아이들도 버스의 낮은 출입구가 편하고 안전합니다. 이 저상버스가 도입된 것 역시 장애인들이 버스 정류장에서 버스 밑으로 들어가 몸으로 가로막고 싸운 결과입니다.

KTX의 장애인석도, 고속버스의 시범 운영도 어느 하나 장애인들의 시위 없이 도입된 것이 없습니다. 장애를 가져 본 적 없는 이는 바쁜 출근 시간에 시위를 벌이는 장애인이 못마땅하겠지만, 장애인들은 출퇴근 시간에 아예 버스나 지하철을 탈 엄두도 내지 못하고, 아예 약속도 잡지 못하고 살아왔습니다.

이 글의 첫머리에서 "서울교통공사에서 알려드립니다. 현재 5호선 동대문역사문화공원역 승강장에서 장애인 단체 시위가 진행되어 열차 운행이 지연되고 있습니다"라는 방송 내용을 언급했지요. 우리는 '장애인이 안전하게 지하철을 탈 권리'를 보장하지 않는 서울교통공사와 이에 대해 항의 시위를 하는 장애인 중 누구에게 항의를 해야 할까요?

2

산업재해와 비정규직

기업에 취직을 하면, 월급을 많이 받고 해고의 위험 없이 안정된 직장생활을 통해 경제적 여유를 갖게 되면 좋겠지요. 그런데 직장에서 일할 때 가장 중요한 건 다치지 않고 질병에 걸리지 않는 것입니다. 특히 우리나라처럼 직장에서의 사고(산업재해라고 하죠)나 직업병에 걸릴 확률이 높은 나라에서는 더 중요하지요.

이번에는 그 직장에서의 사고 확률을 살펴보겠습니다. 〈표 13〉은 산업재해에 대한 여러 가지 통계입니다. 먼저 전체 재해율을 살펴보면, 2010-2019년까지는 부침이 있습니다만 0.69-0.50 사이입니다. 재해율이란 '1년 동안 노동자 100명당 산업재해를 당하는 명수'입니다. 200명 중 한 명 정도가 산업재해를 당한다는 얘기죠. 그중에서도 노동자가 300인 미만인 사업장의 경우 전체

지속가능한 세상을 위한 통계 이야기

<표 13> **산업재해 관련 통계(2010-2019년)**

	2010	2011	2012	2013	2014	2015	2016	2017	2018	2019
전체 재해율	0.69	0.65	0.59	0.59	0.53	0.50	0.49	0.48	0.54	0.58
300인 미만 사업장 재해율	0.83	0.78	0.70	0.69	0.61	0.58	0.57	0.55	0.60	0.64
사고성 사망만인율	0.78	0.79	0.73	0.71	0.58	0.53	0.53	0.52	0.51	0.46
사망자 수	1,931	1,860	1,864	1,929	1,850	1,810	1,777	1,957	2,142	2,020

보다 0.1 정도 높은 걸 볼 수 있습니다. 200명 중 한 명이면 어떻게 보면 많은 것 같고 어찌 보면 적다고도 느낄 수 있습니다.

그런데 우리는 직장에서 1년만 일하는 것이 아니죠. 만약 은퇴할 때까지 일한다면 한 명이 대략 40년 정도 직장에서 일을 하게 됩니다. 그렇다면 산업재해를 당할 확률은 훨씬 올라갑니다. 저 재해율에 40년을 곱해야 하니까, 200명당 한 명이 아니라 다섯 명당 한 명이 되지요. 즉 25-65세까지 40년 동안 일을 한다면, 다섯 명 중 한 명이 산업재해를 당한다는 말이 됩니다. 이렇게 보니 상당히 높은 비율이지요.

산업재해의 원인

산업재해로 죽는 경우도 살펴보겠습니다. 사망사고에 대해서는 만인율을 적용합니다. 즉 노동자 1만 명이 1년 일하는 동안 몇 명이 산업재해로 죽었는지를 보는 것입니다. 〈표 13〉의 사고성 사망만인율을 보면 2010~2019년까지 점차 줄어드는 걸 볼 수 있습니다. 다행이지요. 그래도 가장 낮은 2019년이 0.46입니다. 대략 2만 명당 한 명이 죽었다는 얘기입니다. 여기에 다시 40년을 곱하면 500명당 한 명이 죽은 것이고요. 전쟁터도 아니고 직장에서 일하면서 1년에 2000명이 넘게 죽고 있습니다.

그러면 어떤 산업 부문에서 사고가 가장 많이 일어나는지 살펴보지요. 〈표 14〉에서 보듯 재해율이 가장 높은 곳은 광업이고, 그다음은 임업과 어업입니다. 가장 낮은 곳은 금융·보험업과 전기·가스·수도업입니다. 금융·보험업과 전기·가스·수도업은 대부분 사무직입니다. 즉 공장이 없는 곳이니 사고가 낮은 것이지요.

광업의 경우 재해율은 19.02입니다. 1년에 100명당 19명이 다친다는 것이니, 열 명 중 두 명 가까이 다칩니다. 사망만인율도 높습니다. 1만 명당 408.65명이 죽습니다. 100명당 네 명꼴이죠. 만약 광업에서 40년을 일한다면 한 사람당 여덟 번 사고를 당한다는 말입니다. 1년에 100명당 네 명이 죽으니 10년이면 열 명 중 네 명이 죽는 겁니다. 25년 일하면 죽을 확률이 100%가 됩니다.

전쟁터가 따로 없습니다. 실제로 광업 부문에서 일하는 노동자는 1만 1697명입니다. 이 중 2225명이 다치고 478명이 죽습니다.

임업이나 어업도 재해율이 1.22와 1.16입니다. 40년 일하면 두 명 중 한 명은 사고를 당한다는 거죠. 광업 다음으로 사망만인 율이 높은 곳은 건설업으로 1.94입니다. 즉 한 해 1만 명의 노동 자 중 1.94명이 죽습니다. 40년 동안 일한다면 100명 중 일곱 명 이 죽습니다. 실제로 건설업에서 2018년 한 해 동안 570명이 죽

〈표 14〉 **2018년 산업중분류별 재해율과 사망만인율**

산업중분류별(1)	2018년					
	사업장 수	근로자 수	재해자 수	사망자 수	재해율	사망만인율 (‰)
총계	2,654,107	19,073,438	102,305	2,142	0.54	1.12
광업	1,078	11,697	2,225	478	19.02	408.65
제조업	379,387	4,152,058	27,377	472	0.66	1.14
전기·가스·수도업	2,493	76,967	108	5	0.14	0.65
건설업	441,758	2,943,742	27,686	570	0.94	1.94
운수·창고·통신업	77,160	873,232	5,291	157	0.61	1.80
임업	12,105	89,751	1,041	13	1.16	1.45
어업	1,748	5,416	66	1	1.22	1.85
농업	17,449	83,540	648	14	0.78	1.68
금융·보험업	41,968	778,105	358	16	0.05	0.21
기타의 사업	1,678,961	10,058,930	37,505	416	0.37	0.41

었습니다.

노동자가 가장 많이 일하는 곳은 제조업입니다. 415만 명이 일하고 있습니다. 이 중 1년에 2만 7천 명 이상이 사고를 당하고 그중 472명이 죽습니다.

다른 나라는 어떨까요? 일본의 경우 사망만인율은 0.15입니다. 독일은 0.14, 영국은 0.04입니다. 선진국 중 우리나라를 제외하고 사망만인율이 가장 높은 미국도 0.37입니다. 우리나라의 평균 0.5와 비교하면 아주 낮지요. 대체 우리나라에서는 왜 이렇게 많은 노동자가 일하다가 죽는 걸까요?

〈표 14〉에서 보면 사망자 수가 가장 많은 산업은 건설업입니다. 건설업에서 가장 많은 사망 유형은 추락사입니다. 즉 높은 곳에서 떨어져 죽었다는 거죠. 공사 규모로 보면 3억 원 미만의 작은 건설 현장에서 35.5%가 떨어져 죽었습니다. 높은 곳에서 작업할 때, 발을 디딜 수 있는 튼튼한 구조물을 구성하고, 난간을 설치하고, 안전고리를 걸었다면 추락하지 않았을 확률이 90%가 넘습니다.

사망자 수가 많은 산업 두 번째는 광업이고 세 번째는 제조업입니다. 제조업에서 가장 많이 사망하는 경우는 '끼임'입니다. 커다란 기계가 작동하는 곳이나 컨베이어 벨트가 움직일 때 옷이나 몸이 말려 들어가 죽은 거죠. 그 기계 주변에 안전 울타리를 치고, 기계를 수리·정비할 때는 일단 정지하고, 2인 1조로 작업하면

99% 살 수 있는 사람들이 죽었습니다. 이런 일을 불가피한 사망이라고 이야기할 수 있을까요?

그런데 또 다른 통계가 있습니다. 제조업에서 사망한 노동자 중 75% 이상이 50인 미만 사업장에서 일하다가 죽었습니다. 즉 대기업보다 작은 공장에서 더 많이 죽었다는 거죠. 작은 공장일수록 안전시설을 제대로 설치하지 않고 안전 규칙도 잘 지키지 않는다는 이야기입니다. 일부 노동자의 잘못도 있겠지만 원칙적으로 사업주의 문제입니다. 설마 사고가 일어날까 하는 사업주들의 안일함과, 사고가 났을 때 치러야 할 비용 대비 안전을 무시하고 생산량을 늘리면서 얻는 이익을 생각하고 나서 안전에 신경을 덜 쓰는 게 낫다고 판단하는 것이지요.

또 하나 한국산업안전공단이 2001년 발표한 보고서에 따르면, 비정규직 노동자 사망만인율은 3.09명입니다. 같은 시기 정규직 노동자의 사망만인율은 0.29명이죠. 비정규직은 정규직에 비해 열 배 이상 많이 죽었습니다. 즉 앞서 살펴봤던 산업재해로 인한 사망사고의 80% 이상이 비정규직이 겪은 일입니다.

비정규직이 더 힘들고 위험한 일에 배치되기 때문이라고 생각하기 쉽지만, 더 중요한 다른 이유가 있습니다. 비정규직이 위험한 일을 하는 경우가 많을 뿐 아니라 안전 설비나 안전 규칙을 제대로 적용받고 있지 못하기 때문입니다. 실제로 2018년 12월 11일 한국서부발전의 태안화력발전소에서 계약직으로 일하던 김용균

씨가 석탄 운송용 컨베이어 벨트에 끼여 사망한 사고가 일어났을 때도 이런 상황이었습니다. 원래대로라면 2인 1조로 해야 할 업무를 혼자서 하다가 그런 사고를 당한 것입니다.

산업재해와 이익

이런 산업재해 사망사고가 일어나는 또 다른 이유는 안전 규칙을 지키지 않은 사업주에 대한 처벌이 약하기 때문입니다. 대충 사망한 사람의 가족과 합의해 합의금만 주면 큰 처벌 없이 넘어가니 사업주 입장에선 안전 규칙을 지키는 것보다 사고가 생겼을 때 합의해 넘어가는 비용이 더 쌉니다. 더구나 비정규직은 대부분 대기업이 하청을 준 일을 하는 경우가 많습니다. 이런 경우 실제로 그 공장을 운영하는 대기업의 책임자가 처벌되지 않는 경우가 그동

하청(下請, subcontract)

어떤 사람이 청부 맡은 일의 전부나 일부를 다시 다른 사람이 청부 맡는 일. 보통 정부, 공공기관, 공기업, 대기업에서 직접 처리하기에는 너무 신경 쓸 일이 많고 중소기업에서 자체적으로 기획해 진행하기에는 자금력 부족 등으로 버거운 일을 의뢰 방식으로 대기업에서 기획하여 중소기업이 진행하는 업무 처리 방식을 말한다. 일종의 업무 아웃소싱outsourcing이라고 할 수 있다.

매년 산업재해로 2천 명 넘게 사망하는 현실을 바꿀 순 없는 걸까요?

안 많았던 거죠. 이렇게 기업주 입장에서 산업재해에 대비하는 것
보다 하지 않는 것이 이익이 된다면 산업재해에 대한 대비가 소홀
할 수밖에 없습니다. 이를 확률을 통해 확인해 보지요.

　　노동자 1000명이 일하는 어느 공장에서 2인 1조로 일하면서
안전 장비를 모두 갖추면 산업재해가 일어날 확률이 0.1%고 산업
재해 중 사망이 발생하는 확률은 다시 0.1%라고 합시다. 반대로
한 명에게 일을 시키고 안전 장비를 갖추지 않으면 산업재해가 일
어날 확률이 0.5%고 그중 사망이 발생하는 경우가 0.5%라고 하
지요.

이 공장에서 2인 1조로 안전 장비를 갖추고 일할 경우 1000명 곱하기 0.1%이니 1년에 산업재해가 일어날 확률은 100%입니다. 1년에 한 번꼴로 사고가 일어나는 거죠. 그리고 사망자가 발생하는 건 1000년에 한 번이 됩니다. 일어날 확률이 거의 없는 거죠.

반면 이 공장에서 한 명이 안전 장비 없이 일을 한다면, 1000명 곱하기 0.5%이니 500%의 확률입니다. 1년에 다섯 번씩 사고가 발생합니다. 그리고 40년에 한 번씩 사망사고가 발생합니다.

이런 공장이 열 개 있다면 어떻게 될까요? 2인 1조로 안전 장비를 갖추면 100년에 한 번이 됩니다. 이 경우도 사고가 일어날 확률은 아주 낮습니다. 반면 한 명이 안전 장비를 갖추지 않고 일하는 경우 4년에 한 번씩 사망사고가 일어납니다.

안전 장비를 갖추고 2인 1조로 일하는 데 공장 하나당 1년에 10억 원 정도가 더 들어간다고 해 보죠. 열 개의 공장이면 1년에 100억 원, 4년이면 400억 원이 더 들어갑니다. 반면 사망사고가 일어났을 때 보상금 및 기타 비용으로 10억 원이 들어간다고 합시다. 공장 열 개를 운영하는 기업은 390억 원이 이익입니다.

하지만 직접 고용을 해서 운영하다가 사고가 나면 자신이 책임을 져야 하니 공장마다 파견업체를 통해 비정규직을 고용합니다. 이런 경우 사고가 생겨도 파견업체 사장에게 책임을 떠넘기면 되니까요. 파견업체 사장의 경우 공장 하나에서 사망 사고가 40년에 한 번 정도 일어나니 평생에 한 번 정도 일어나는 일이 됩니다.

사람 목숨이 달린 일인데 그렇게 돈 계산을 하는 것이 맞는 거냐고 생각하는 독자들도 있겠지요. 하지만 지금 우리나라의 현실, 즉 산업재해 사망률 1등 국가가 된 데에는 이런 구조적 문제가 아주 크게 작용하고 있습니다. 그래서 2022년 1월 이런 문제를 해결하기 위해 중대재해처벌법이 시행되었습니다. 파견업체를 통해 고용하더라도 사망사고 같은 중요한 재해가 발생하면 원래 공장을 운영하는 기업주도 처벌할 수 있게 하고, 그 처벌의 정도도 아주 높게 만든 법입니다. 이를 통해 노동자들이 안전하게 일하도록 만드는 것이 그렇게 하지 않아서 산업재해가 일어나는 것보다 기업주에게 더 유리하도록 만든 법이지요. 중대재해처벌법이 시행된 것을 계기로 보다 안전하게 일할 수 있는 나라가 되면 좋겠습니다.

같이 이야기해 봅시다!

정규직보다 비정규직이 산업재해를 더 많이 겪습니다. 특히 건설업이나 광업의 산업재해 비율이 높은 것도 중요한 문제입니다. 이를 해결하기 위한 정책에는 어떤 것이 있을까요?

"그 쇳물 쓰지 마라"

2010년 당진 환영철강에서 일하던 20대 청년이 쇳물이 담긴 용광로에 빠지는 사건이 있었습니다. 청년의 몸은 쇳물 속으로 흔적도 없이 사라졌지요. 그 사실을 전하는 뉴스에 '제페토'라는 필명을 가진 이가 아래와 같은 시를 댓글로 달았습니다.

그 쇳물 쓰지 마라

광염(狂焰)에 청년이 사그라졌다.
그 쇳물은 쓰지 마라.

자동차를 만들지도 말 것이며
철근도 만들지 말 것이며
가로등도 만들지 말 것이며
못을 만들지도 말 것이며
바늘도 만들지 마라.

모두 한이고 눈물인데 어떻게 쓰나?
그 쇳물 쓰지 말고

맘씨 좋은 조각가 불러

살았을 적 얼굴 찰흙으로 빚고

쇳물 부어 빗물에 식거든

정성으로 다듬어

정문 앞에 세워 두게.

가끔 엄마 찾아와

내 새끼 얼굴 한번 만져 보자 하게.

2020년 9월, 당진 사고 10주기를 맞이한 해에 가수 하림은 이 시에 멜로디를 붙여 노래를 만들었습니다. 그리고 이 노래를 불러 SNS에 올리는 챌린지가 시작되었는데, 고 김용균 씨의 어머니이자 김용균재단 이사장을 맡고 있는 김미숙 씨도 참여했습니다.*

2018년 한국발전기술 소속 계약직 노동자였던 김용균 씨는 태안화력발전소 석탄 운송용 컨베이어 벨트에 끼어 현장에서 즉사했습니다. 사고 직후 시민대책위원회가 만들어졌고, 이는 2019년 비정규직 철폐와 안전한 노동환경 마련을 목표로 하는 김용균재단이 되었습니다. 김용균 씨의 어머니 김미숙 씨는 김용균재단의 이사장으로서 다시는 아들과 같은 이들이 나오지 않도록 열심히 활동하고 있습니다.

중대재해처벌법이 기업들의 반대에도 불구하고 제정된 데에는 김미숙 씨와 같은 이들의 노력이 있었습니다. 김미숙 씨와 다른 산업재해 희생자들의 가족들은 국회에서 중대재해처벌법이 제정되도록 29일 동안 단식 농성을 했

---

* '그 쇳물 쓰지 마라 함께 노래하기' 챌린지 영상이 올라온 인스타그램 주소는 다음과 같습니다. https://www.instagram.com/sing_together_2020/

었죠. 앞서 장애인 시위에서도 살펴본 것처럼 사회를 보다 안전하게 그리고 평등하고 공정하게 바꾸는 과정에는 이런 노력이 있었다는 점을 잊지 말아야겠습니다.

3

남녀평등 문제는 이제 해결된 걸까?

· 여성 혹은 페미니즘에 대해 반감을 가진 남성들이 많습니다. 그들의 주장을 보면 현재 우리나라는 여성과 남성의 차별이 거의 없고 오히려 남성이 차별받는 역평등 현상이 나타나고 있다고 합니다. 그래서 여성가족부를 없애고 남성차별적 문화를 없애야 한다고 주장하지요. 주로 '20대 남성'들이 이런 주장을 한다고 해서 이들을 가리켜 '이대남'이라고도 합니다. 이 문제 또한 우리나라의 주요한 갈등 중 하나이니 한번 살펴보는 것이 좋겠습니다.

먼저 이런 주장을 하는 중심 연령층인 20대를 살펴보도록 하지요. 20대만 보면 이들의 주장이 아주 틀리지 않은 것도 같습니다. 대부분의 대한민국 남성은 20대에 2년이 조금 안 되는 기간 동안 아주 싼 월급을 받고 군대에 다녀옵니다. 여성은 자원입대가 아닌 한 군대에 가지 않습니다. 그러니 남자들 입장에서는 청춘의 2년을 상대적으로 손해 보는 느낌입니다. 대학을 졸업하고 취업을 할 때의 나이가 약 2년 정도 차이가 나기도 하고요.

또 하나 예전과 달라진 점은 학력에서 남성과 여성의 차이가 별로 없다는 점입니다. 1990년대 정도만 하더라도 대학에 입학하는 여성은 남성보다 훨씬 적었습니다. 아래의 〈표 15〉를 보면, 남성은 해당 연령대 인구의 31.4%가 대학을 갔지만 여성은 29.3%만 대학을 갔지요. 물론 전체적으로 대학을 가는 비율 자체도 낮았습니다. 그러나 2009년이 되면 오히려 여성이 대학을 진학하는 비율이 조금이지만 더 높아집니다. 그 이후 전체적인 대학진학률은 2009년에 비해 낮아지지만 여전히 여성과 남성의 대학진학률을 보면 여성이 조금 높게 나타나고 있습니다. 대학 진학과 관련

〈표 15〉 **남녀 대학진학률(%)**

연도	여성	남성
1990	29.3	31.4
2000	67.6	68.3
2005	80.8	83.3
2009	82.4	81.6
2010	80.5	77.6
2015	74.6	67.6

출처: 교육부 한국교육개발원 교육통계연보 각 년도

지속가능한 세상을 위한 통계 이야기

해서는 성적 차별이 완전히 사라진 것처럼 보입니다.

여성의 대학진학률

〈표 16〉의 2021년도 대학 신입생 현황을 살펴봅시다. 조금 낯선 이름들이 있습니다. 기능대학과 전공대학은 전문대학처럼 전문학사 자격을 취득하는 대학입니다. 전체 대학 중 4년제 일반대학이 가장 인원이 많고, 그다음은 전문대학입니다. 이 둘을 합치면 49만 명이 넘으니 전체의 2/3를 차지합니다. 세 번째가 원격 사이버 대학, 네 번째가 방송통신대학, 다섯 번째가 기능대학입니다. 전체 56만 6286명 중 여성이 28만 6421명, 전체의 50.5%로 여성이 남성보다 아주 조금 더 많이 대학에 진학했습니다. 그런데 4년제 일반대학의 경우 전체 32만 9천여 명 중 여성은 15만 9천여 명으로 남성보다 1만 명 정도 적습니다. 대신 2-3년제 전문대학에서는 확실히 절반이 넘고 특히 사이버 대학에서는 3만 8천여 명 중 여성의 비율이 2만 1천여 명으로 2/3에 가깝습니다. 방송통신대학에서도 전체 1만 2670명 중 7693명이 여성으로 여성이 훨씬 많습니다.

흔히 졸업 후 좋은 일자리를 얻을 확률이 높은 4년제 일반대학에는 여성 비율이 낮고, 반대로 좋은 일자리에 갈 확률은 낮지만 학비가 싼 전문대학과 방송통신대학, 사이버 대학에는 여성이 더 많은 거죠. 물론 좋은 일자리로 갈 확률이 높은 교육대학은 여성이 압도적으로 많습니다만, 그 차이는 1000명 정도입니다. 즉 겉으로 보이는 통계로는 남녀 대학진학률이 비슷해 보이지만 좋은 일자리를 얻기 유리한 대학에는 아직도 남성이 더 많이 진학하고 있는 것입니다.

〈표 17〉은 2021년 대학원 입학생 현황입니다. 전체로는 여성이 52% 정도를 차지해서 남성보다 더 많이 입학합니다. 그런데 박사과정으로 올라가는 경우는 또 역전됩니다. 전체 2만 9594명 중 1만 3251명으로 45%가 여성이고 남성은 55%로 10% 더 많습니다. 석사과정에는 여성이 더 많이 올라가는데 왜 박사과정은 남성이 더 많이 올라가는 걸까요?

남자가 공부를 더 잘해서는 아닙니다. 예전 1970년대, 1980년

〈표 16〉 대학 신입생 현황(2021년)

연도	전체		전문대학		교육대학		4년제 일반대학		방송통신대학		산업대학	
	계	여성	계	여성	계	여성	계	여성	계	여성	계	여성
2021	566,386	286,421	166,707	89,624	3,864	2,477	329,306	159,611	12,670	7,693	2,379	1,183

연도	기술대학		각종 학교		원격 및 사이버 대학		사내대학		전공대학		기능대학	
	계	여성	계	여성	계	여성	계	여성	계	여성	계	여성
2021	27	11	585	385	38,273	21,758	100	25	4,910	3,015	7,565	639

지속가능한 세상을 위한 통계 이야기

<표 17> 대학원 신입생 현황(2021년)

대학원					
계		석사		박사	
계	여성	계	여성	계	여성
130,932	68,269	101,338	55,018	29,594	13,251

대만 하더라도 집안에 진학할 아이가 둘 있으면 성적이나 장래성을 보지 않고 무조건 아들은 대학에 보내고 딸은 고등학교 졸업 후 취업을 하도록 한 부모가 많았습니다. 흔히 이야기하는 남녀차별이지요. 그런데 이런 모습이 은연중에 아직도 남아 있는 걸 보여 주는 통계인 것입니다. 같은 조건이면 남자는 4년제 일반대학, 여자는 전문대학, 석사를 마친 뒤 박사과정에 올라가는 것도 이왕이면 남자에게 우선권을 주는 경우가 아직 일부에 남아 있는 모습이 반영된 것입니다.

그래도 이제는 많은 부모가 성적과 경제적 여건이 허락하면 딸 아들을 가리지 않고 대학 진학과 대학원 진학을 위해 최선을 다하고 있습니다.

여성과 남성의 임금 격차

앞서 대학 입학에 있어 '남녀 간에 차이가 크게 나타나지 않음을 통계를 통해 확인했습니다. 하지만 대학을 졸업하면 사정이 달라집니다. 통계청의 '2018년 임금근로 일자리별 소득 결과'를 살펴보죠. 여성은 전체적으로 남성이 받는 임금의 64.8%를 받습니다. 전 연령에 걸쳐 임금소득이 남성에 미치지 못합니다. 그러나 19세 이하는 86.7%, 20대의 경우 92.1%로 꽤 근접해 있습니다.

19세 이하라면 고등학생이면서 아르바이트를 하거나 학교에 다니지 않으면서 일을 하는 경우인데, 살펴보면 육체적으로 힘든 일이라서 상대적으로 임금이 높은 일자리에 남성이 많이 가기 때문이라고 볼 수 있습니다. 20대의 경우는 전체 연령에서 남녀 임금 격차가 가장 작은데, 이 경우 임금 격차가 나는 이유는 몇 가지로 유추해 볼 수 있습니다. 먼저 10대와 마찬가지로 일이 힘들어 상대적으로 임금이 높은 일자리에 남성이 많이 가는 경우도 있을 터입니다. 하지만 20대는 고등학교나 대학을 졸업하고 본격적으로 사회에 편입하는 시기입니다. 같은 회사에서 같은 종류의 일을 하는데 대놓고 여성의 임금을 적게 주진 않으니 그로 인한 격차는 없습니다.

임금 차이가 나는 것은 직종이 조금씩 다른 것에 기인한 것일 가능성도 있습니다. 가령 고등학교를 졸업하고 생산직에 입사한

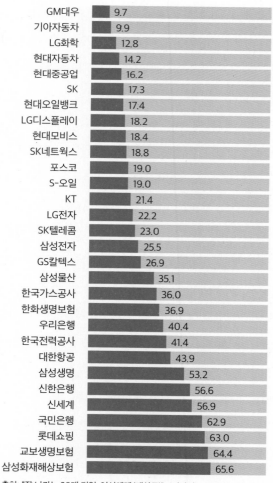

〈도표 14〉 **30대 기업 신규 채용 여성 비율(%)**

(자료: 은수미 의원실)

■ 여성　　■ 남성

30대 기업 전체 평균 31.8%

기업	여성 비율
GM대우	9.7
기아자동차	9.9
LG화학	12.8
현대자동차	14.2
현대중공업	16.2
SK	17.3
현대오일뱅크	17.4
LG디스플레이	18.2
현대모비스	18.4
SK네트웍스	18.8
포스코	19.0
S-오일	19.0
KT	21.4
LG전자	22.2
SK텔레콤	23.0
삼성전자	25.5
GS칼텍스	26.9
삼성물산	35.1
한국가스공사	36.0
한화생명보험	36.9
우리은행	40.4
한국전력공사	41.4
대한항공	43.9
삼성생명	53.2
신한은행	56.6
신세계	56.9
국민은행	62.9
롯데쇼핑	63.0
교보생명보험	64.4
삼성화재해상보험	65.6

출처: "잘 나가는 30대 기업, 여성에겐 '개살구'", 〈시사인〉, 2013년 4월 10일.

경우 섬유나 화공 분야처럼 임금이 싼 업종에 주로 여성이 입사하고 토목이나 건축 혹은 중화학 업종처럼 임금이 높은 업종에 남성이 많이 입사하는 경우도 생각해 볼 수 있지요. 실제로 우리나라 업종별 임금 분포를 보면 섬유나 화공 분야의 생산직 임금이 낮고 자동차나 중공업, 석유화학 분야가 상대적으로 임금이 높습니다.

하지만 또 다른 이유도 있습니다. 대학을 졸업한 이들이 선망하는 좋은 일자리에 여성보다 남성이 상대적으로 더 많이 진출한다면 이 또한 격차의 원인이 될 것입니다. 실제로 대기업의 경우 신입사원으로 여성보다 남성을 더 많이 뽑는 경향이 있습니다. 〈도표 14〉는 국내 30대 기업의 남녀 신규 채용 비율입니다. 여성을 절반 이상 뽑는 기업은 30개 기업 중 일곱 곳뿐입니다. 나머지 23개 기업은 남성을 더 많이 뽑습니다. 더구나 여성 비율이 40%가 되지 않는 곳이 전체의 2/3인 20곳입니다. 대기업은 남성을 훨씬 많이 뽑고 있는 거죠.

더구나 급여 수준이 350만 원 이상인 직원 중 여성 비율은 더욱 참담합니다. 30개 대기업 중 단 한 곳도 여성이 50%가 넘는 곳이 없습니다. 이유는 두 가지입니다. 먼저 여성 신입 채용 비율이 높은 기업들인 금융권 회사의 경우, 여성 신입 채용의 상당수가 고졸 사원입니다. 그렇다면 대졸 사원으로만 한정하면 남성의 비율이 더 높은 거죠. 또 시간이 지날수록 퇴사하는 사원 비율은 여성이 더 많고, 승진하는 사원 비율은 남성이 압도적으로 높기

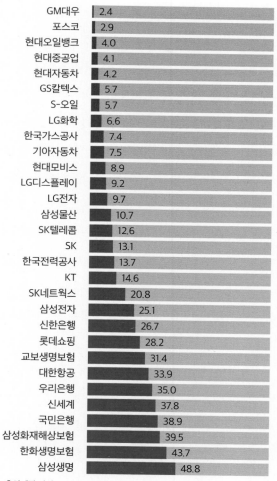

〈도표 15〉 30대 기업 350만 원 이상 여성 비율(%)

(자료: 은수미 의원실)

■ 여성　　■ 남성

기업	여성 비율(%)
GM대우	2.4
포스코	2.9
현대오일뱅크	4.0
현대중공업	4.1
현대자동차	4.2
GS칼텍스	5.7
S-오일	5.7
LG화학	6.6
한국가스공사	7.4
기아자동차	7.5
현대모비스	8.9
LG디스플레이	9.2
LG전자	9.7
삼성물산	10.7
SK텔레콤	12.6
SK	13.1
한국전력공사	13.7
KT	14.6
SK네트웍스	20.8
삼성전자	25.1
신한은행	26.7
롯데쇼핑	28.2
교보생명보험	31.4
대한항공	33.9
우리은행	35.0
신세계	37.8
국민은행	38.9
삼성화재해상보험	39.5
한화생명보험	43.7
삼성생명	48.8

출처: "잘 나가는 30대 기업, 여성에겐 '개살구'", 〈시사인〉, 2013년 4월 10일.

때문입니다.

앞서 대학진학률에서 남자와 여자의 차이가 별로 없음을 확인했습니다. 이는 소위 명문대학도 마찬가지입니다. 그런데 좋은 일자리의 절반 이상을 차지하는 대기업이 여성보다 남성을 더 많이 뽑습니다. 즉 대졸 여성이 갈 수 있는 일자리가 대기업에는 별로 없는 거죠. 그러면 이들 여성은 어떤 선택을 하게 될까요? 먼저 좁은 대기업의 문으로 들어가기 위해 더 좋은 스펙을 쌓기 위해 노력합니다. 그래서 공부도 더 열심히 해서 학점도 더 좋게 받으려고 하고, 다른 활동도 더 열심히 합니다. 또는 대기업이 아닌 다른 좋은 일자리를 찾습니다. 즉 성별에 따른 차별이 없는 일자리를 중심으로 직업을 구하게 되죠. 이런 일자리는 주로 시험을 통해 사람을 뽑습니다. 공무원 시험, 로스쿨 시험 등이 해당됩니다.

그런데 이런 일자리는 남성들도 원하는 곳입니다. 전체 대학생 수를 놓고 봤을 때 이런 일자리는 아주 적으니 남자들이라고 쉽게 들어갈 수 있는 건 아니지요. 명문대학에 가기 위해 초·중·고

스펙

명세, 사양, 설명서 등을 뜻하는 영어 단어 'specification'에서 나온 말로, 영어에는 없는 말이다. 직장을 구하는 데 필요한 학력, 학점, 토익점수 따위를 합하여 이르는 말이다.

등학교에서 노력한 것만큼 대학과 대학원 등에서도 아주 힘든 경쟁이 남자들에게도 기다리고 있는 것입니다. 이들에게 같은 또래의 여성은 성차별을 당하는 약자라기보다는 경쟁 상대일 뿐입니다.

여성의 경력 단절 문제는 사회문제

하지만 이들이 보지 못하는 혹은 보지 않는 부분이 있습니다. 바로 30대 이후의 삶입니다. 30대가 되면 남녀의 임금 격차가 벌어져서 여성은 남성의 80% 수준밖에 되지 않고, 40대는 62.5%, 50대가 되면 50% 수준에 머뭅니다. 〈표 18〉에서 보듯, 남성은 나이가 들수록 임금이 올라 40대와 50대가 가장 평균 임금이 높은데, 여성의 경우는 30대에 가장 높은 임금을 받고 이후에는 내리막길을 걷습니다.

〈표 18〉 **남녀 연령별 평균 임금 비교(2018년)**

	전체	19세 이하	20대	30대	40대	50대	60세 이상
남자	347	83	214	349	427	418	250
여자	225	72	197	279	267	221	128
비율	64.8%	86.7%	92.1%	80.0%	62.5%	52.8%	51.2%

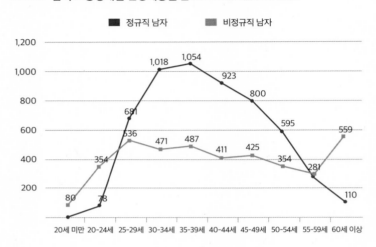

<도표 16> 남녀 고용형태별 연령계층별 분포(2009년 8월, 단위: 천 명)

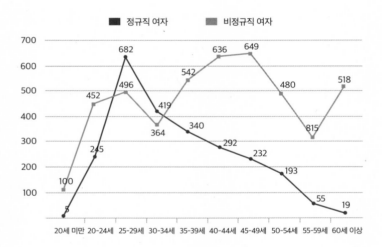

지속가능한 세상을 위한 통계 이야기

30대 이후 여성의 임금이 더 낮아지는 건 임신과 출산, 육아로 인한 경력 단절이 가장 큰 이유일 것입니다. 〈도표 16〉에서 보듯 남성의 경우 30대 말까지 정규직이 늘어납니다. 이후 정규직의 비율이 줄어들지만 완만한 곡선을 그리지요. 하지만 여성의 경우에는 20대 말에 정규직 비율이 가장 높고 이후 급하게 내려갑니다. 그래서 남성의 경우 정규직과 비정규직이 같아지는 것이 55-59세지만 여성은 30-34세 사이가 됩니다. 결혼과 임신, 출산 등으로 다니던 직장을 그만두었다가 다시 직장을 구하자니 정규직은 자리가 없어 비정규직으로 가는 것이지요.

20대로만 한정해서 보면 남녀 모두 좋은 일자리를 위해 극심한 경쟁을 벌이는 경쟁자지만, 30대 이후 좋은 일자리는 대부분 남자끼리의 경쟁이 되고 여성은 일부에 불과할 뿐입니다. 이렇게 남녀 간 전 연령의 통계를 살펴보면 여성 문제의 핵심이 어디에 있는지 파악할 수 있습니다. 그리고 이는 여성의 문제만이 아니라는 점에서도 중요하게 바라봐야 합니다.

우리나라는 현재 출산율이 전 세계에서 가장 낮은 나라 중 하나입니다. 인구절벽이라고도 하지요. 초등학교나 중학교에 입학하는 신입생이 매년 전해에 비해 줄어들고 있습니다. 대학의 경우 신입생이 대학 입학 정원보다 적어 문을 닫는 대학이 생기고 있으며, 대학 입학 정원을 줄이고 있기도 합니다. 이제 몇 년 후면 일할 사람이 모자랄 형국입니다. 임신·출산·육아로 인한 여성의 경력 단절 문제 해결은 이 부분에서 결정적입니다.

왜냐하면 경력 단절 문제가 해결되어야 여성의 출산율이 늘어나기 때문입니다. 출산율이 낮아지는 것은 두 가지 측면이 있습니다. 하나는 아이를 낳고 기르는 데 들어가는 각종 비용을 부담하기가 너무 어렵기 때문입니다. 〈도표 17〉은 20-30대 노동자들의 임금 수준별 결혼 비율입니다. 1분위가 가장 소득이 낮은 10%고, 10분위가 가장 소득이 높은 10%입니다. 남성의 경우 소득 수준이 높을수록 결혼 비율이 높은 걸 볼 수 있습니다. 여성의 경우 오히려 1, 2분위가 결혼 비율이 높은데 이는 결혼 이후 육아 등을 이유로 퇴직했다가 다시 취직할 때 임금이 낮은 비정규직으로 가는 비율이 높기 때문입니다. 하지만 4분위부터 10분위까지는 소득 수준에 따라 결혼 비율이 점점 높아지는 걸 볼 수 있습니다. 우리나라의 경우 남녀가 결혼한 상태에서 출산을 하는 경우가 대부분이니, 소득 수준이 높을수록 출산율이 높다는 걸 알 수 있습니다.

일단 여성은 경력 단절이 되면 소득 수준이 낮아지고, 소득 수준이 낮아지면 둘째를 낳기가 힘들어집니다. 그렇지 않아도 아이 하나를 기르는 데 여러 비용이 들어가는데 경력 단절로 수입이 줄면 둘째를 갖기가 더욱 어렵겠지요.

하지만 비용 문제가 해결된다고 출산율이 바로 올라가지는 않습니다. 〈도표 18〉은 자신의 일을 언제까지 할 것이냐에 대해 결혼한 여성들이 대답한 것입니다. 가장 많은 응답이 '건강이 허락할 때

<도표 17> **임금 수준별 기혼자 비율**(20-30대 임금근로자, 2016년 3월)

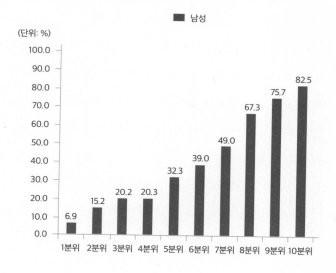

■ 남성

(단위: %)

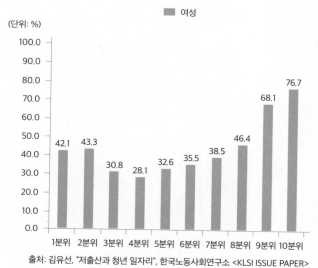

■ 여성

(단위: %)

출처: 김유선, "저출산과 청년 일자리", 한국노동사회연구소 <KLSI ISSUE PAPER>
제8호(2016년 11월 8일), 11쪽.

까지'로 35.4%입니다. '경제적 여건이 좋아질 때까지'가 25.3%로 두 번째이고, '정년 등으로 일할 수 없을 때까지'가 18.3%로 세 번째입니다. 자녀 출산 시까지는 불과 2.4%밖에 되지 않습니다. 남성과 마찬가지로 여성에게도 직업은 자신의 삶을 살아가는 데 중요한 부분입니다. 그런데 임신과 출산, 육아 등에 의해 원치 않게 일을 그만두게 되면 다시 취업하기가 어렵고 취업을 해도 이전의 경력을 인정받기가 쉽지 않습니다. 여성들로서는 아이를 낳을 것이냐 아니면 일을 할 것이냐 둘 중 하나를 선택해야 하는 상황이 강요됩니다. 이런 강요된 상황에서 아이 낳기를 결정하기란

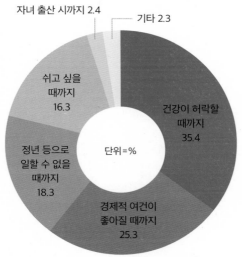

〈도표 18〉 **15-49세 기혼여성의 현재 일 계속 여부**

자녀 출산 시까지 2.4
기타 2.3
쉬고 싶을 때까지 16.3
건강이 허락할 때까지 35.4
정년 등으로 일할 수 없을 때까지 18.3
단위=%
경제적 여건이 좋아질 때까지 25.3

출처: https://www.mk.co.kr/news/special-edition/view/2009/08/415664/

지속가능한 세상을 위한 통계 이야기

쉬운 일이 아니지요.

이 문제를 해결할 아주 간단한 방법이 있습니다. 임신이나 출산 그리고 육아 시기에 자유롭게 휴직할 수 있는 권리를 주면 됩니다. 이것은 현재도 대기업 직원이나 공무원, 교사 등의 직군에서는 실시되고 있는 제도지요. 여러분은 학교에서 선생님들이 출산휴가나 육아휴직 등을 통해 아이를 낳고 아이가 일정한 나이가 될 때까지 기른 후 다시 선생님 일로 복귀하는 걸 쉽게 볼 수 있을 겁니다. 공무원도 상대적으로 자유롭게 이 제도를 이용합니다. 대기업 직원의 경우 공무원이나 선생님만큼은 아니지만 그래도 이런 제도를 통해 업무에 복귀하는 것이 어느 정도 가능합니다.

하지만 중소기업 이하로 내려가면 이런 제도를 제대로 적용하는 회사를 찾아 보기가 힘듭니다. 즉 중소기업에 다니는 여성 노동자는 생산직이든 사무직이든 이 문제가 해결되지 않으면 경력 단절에서 벗어날 수 없다는 뜻입니다. 하지만 우리나라 전체 일자리는 이런 중소기업에 가장 많습니다.

같이 이야기해 봅시다!

출산과 육아는 여성의 사회 경력을 단절시키는 가장 큰 요인입니다. 그리고 우리나라 출산율을 낮추는 중요한 이유이기도 하지요. 이 문제를 어떻게 해결해야 할지 이야기해 봅시다.

어느 모녀 이야기

남녀 간 불평등 문제를 통계를 통해 살펴보았습니다. 물론 소득 수준을 막론하고 다양한 불평등이 존재하지만 그중에서도 제 눈이 가는 곳은 가난한 여성들입니다. 아래 사례를 통해 이들의 삶을 생각해 보았으면 합니다.

2021년 3월 강북구 한 연립주택 2층에서 모녀가 죽은 채 발견되었습니다. 사인은 번개탄에 의한 질식사. 딸은 서른일곱 살, 어머니는 예순세 살이었습니다. 딸은 20년 가까이 당뇨를 앓고 있었고 10년 전부터는 당뇨로 인한 고혈압과 말초신경병증도 같이 앓고 있었습니다. 둘째 딸은 결혼해서 분가했고, 근처 식당에서 주방 일을 하는 어머니와 딸 둘이 살고 있었죠.

코로나19 팬데믹으로 인해 2020년 중반 식당이 휴업하게 되면서 가족의 경제 사정은 더욱 악화되었습니다. 식당 일로 버는 돈 200만 원으로 딸의 병원비와 약값, 월세와 생활비를 충당하고 매달 40만 원 정도씩 모았지만 2020년 초 살던 집을 재계약하면서 보증금 1000만 원을 올려 주는 데 모두 들어가 남은 돈은 200만 원 정도가 전부였습니다. 식당 휴업으로 수입처가 사라지자 아무리 생활비를 줄여 가며 버텨도 기껏 두 달이 한계였죠.

어머니는 다른 직업을 알아 보았지만 어디든 일을 구하려는 이들이 넘쳐났고, 60세가 넘은 이가 취업할 수 있는 곳은 없었습니다. 폐지라도 주울까 알아보았지만 이미 폐지를 줍는 노인들이 동네에 넘쳐났고, 그들 사정을 뻔히 알면서 끼어들 염치도 없었습니다. 주민센터에서 하는 공공근로는 자격 조건이 65세 이상이라 해당되지 않았습니다. 두 달 뒤 다행히 기초생활수급자로 지정되어 월 90만 원 조금 안 되는 돈을 받아 그나마 조금 더 버틸 수 있었지만 생활비는 많이 부족했습니다.

월세와 공과금이 밀리기 시작했지요. 한두 달이 지나고 석 달째가 되자 집주인 눈치가 보이기 시작했어요. 주인도 대충 사정을 아는지라 따로 월세 이야기 하진 않았지만 평소에도 남에게 아쉬운 소리를 하지 못하던 어머니는 속으로 끙끙 앓고 있었죠. 그러던 올해 초 딸이 잠시 나갔다가 넘어져 골절상을 입었습니다. 그렇지 않아도 당뇨와 합병증으로 좋지 않던 딸의 건강이 더욱 나빠졌지요.

딸은 사실 죽고 싶은 생각이 없었습니다. 하지만 어머니가 번개탄을 사서 들어오는 모습을 보고 자신은 죽고 싶지 않다는 말을 꺼낼 수가 없었어요. 딸의 당뇨는 집안 내력이기도 합니다. 아버지도 당뇨로 인한 합병증으로 딸이 스물세 살 때 돌아가셨죠. 집안 사정상 대학에 갈 수 없는 걸 알았던 딸은 상업고등학교를 졸업하고 취업을 했지만 딸과 어머니의 월급은 생활비와 아버지 치료비로 모두 들어갔고, 나중에는 빚을 감당하지 못해 살던 집의 전세금으로 빚을 갚고 월셋집을 얻게 되었습니다.

이런 집안 사정 속에서 딸은 우울증약을 먹는 것으로 달랬고 자연스레 살이 찌면서 아버지처럼 당뇨에 걸린 것입니다. 남편과 딸의 병구완에 인생의 대부분을 보낸 어머니는 이제 더 이상 이런 삶을 지속할 이유도 의지도 없었습니다. 다만 자기 혼자 죽으면 남은 딸이 어찌 될지 걱정일 뿐이었죠. 기초생활수급비에 일숫돈이라도 당겨 쓰면 몇 달은 더 버틸 수 있겠지만 그 뒤로는 또 어찌 될지. 어머니는 그리 구차해질 바에는 지금 끝내는 게 낫겠다고 판단했고, 딸은 그런 어머니를 따를 수밖에 없었습니다.*

* 이 글은 몇 가지 실제 사례를 모아 재구성한 것으로, 졸저 《불평등한 선진국》(북루덴스, 2022)에서 조금 수정해 인용했습니다. 비슷한 일이 매년 기사로 나오고, 기사로 나오지 않는 일은 더 흔할 것입니다.

　　　　　　　지속가능한 세상을 위한 통계 이야기

4
자살률 1위의 대한민국

우리나라는 OECD 국가 중 스스로 목숨을 거두는 사람의 비율이 가장 높은, 자살률 1위의 나라입니다. 어떤 경우든 자살은 참으로 유감스러운 일이지요. 그런데 이 자살과 관련된 통계 속에도 오해가 조금 있습니다. 이번에는 그 오해를 풀면서 동시에 우리나라의 자살률을 낮출 방안을 고민해 보겠습니다.

OECD(Organization for Economic Cooperation and Development)

경제협력개발기구. 경제 성장, 발전도상국 원조, 세계무역 확대를 주요 목적으로 하여 1961년 9월 30일 유럽경제협력기구를 해체하고 발족한 국제기구. 본부는 프랑스 파리에 있다. 한국은 1996년에 회원국으로 가입했다.

연령	1위	2위	3위	4위	5위
10-19세	자살	암	교통사고	심장 질환	익사 사고
20-29세	자살	암	교통사고	심장 질환	익사 사고
30-39세	자살	암	심장 질환	간 질환	교통 사고
40-49세	암	자살	간 질환	심장 질환	뇌혈관 질환
50-59세	암	자살	심장 질환	간 질환	뇌혈관 질환
60-69세	암	심장 질환	뇌혈관 질환	자살	간 질환
70-79세	암	심장 질환	뇌혈관 질환	폐렴	당뇨병
80세 이상	암	심장 질환	폐렴	뇌혈관 질환	알츠하이머병

출처: 통계청

그런데 우리나라의 자살률이 높은 이유가 10대나 20대의 자살 때문이라고 오해하는 사람들이 많습니다. 10대에서 30대에 이르는 연령층의 사망 원인 1위가 자살이라는 통계 때문입니다. 일단이 자체는 맞는 말입니다. 〈표 19〉를 보면 자살이 사망 원인 중 차지하는 위치가 10·20·30대가 1위고, 40대와 50대는 2위, 60대는 4위인데 70대 이상은 5위도 되지 않습니다. 이를 보면 나이가 어릴수록 자살을 많이 하는 듯 보입니다.

하지만 이는 사실과 다릅니다. 그 이유는 연령별 사망률이 다르기 때문입니다. 간단히 말해서 나이가 들수록 자살률도 높아지지만 다른 원인으로 사망하는 경우도 많아서 순위에서 밀린 것일 뿐이죠. 생각해 보면 아주 당연한 일입니다.

중장년층의 높은 자살률이 원인

과학자들에 따르면, 20세가 넘으면 노화가 시작되고 40대가 되면 노화 속도가 빨라지고, 60대가 되면 더 가속화된다고 합니다. 그래서 자살뿐 아니라 교통사고나 익사 사고처럼 연령대와 무관하게 일정한 비율을 차지하는 사망 원인이 순위에서는 아래로 내려가는 것이죠. 〈표 20〉을 보면 이를 알 수 있습니다. 자살 비율을 보면 10대는 37.5%로 1위, 20대는 51%로 1위, 30대는 39%로 1위입니다. 하지만 해당 나이의 인구 10만 명당 몇 명이 자살했는지를 살펴보면 다릅니다. 10대가 5.9명으로 가장 적습니다. 연령이 높아질수록 10만 명당 자살률이 높아지는 걸 볼 수 있지요. 20대는 10대의 4배 가까이 되는 19.2명이고, 50대는 6배 가까이 되는 33.3명입니다. 80대 이상에선 무려 67.4명이 자살합니다. 즉 나이가 들수록 10만 명당 자살자 수는 훨씬 더 많아집니다.

〈표 20〉 **사망 원인 중 자살 비율과 자살률**

	10대	20대	30대	40대	50대	60대	70대	80대 이상
사망 원인 중 자살 비율(%)	37.5	51.0	39.0	21.7	10.4	5.2		
10만 명당 자살률	5.9	19.2	26.9	31.0	33.3	33.7	46.2	67.4

출처: 통계청 '2019년 사망 원인 통계 결과'

미국의 경우를 보면 우리와 연령대 구별이 조금 다르긴 하지만 10대와 20대의 10만 명당 자살률은 10-15명 사이입니다. 우리나

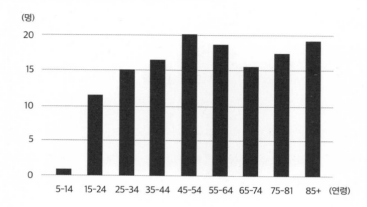

<도표 19> **미국의 연령별 10만 명당 자살률**

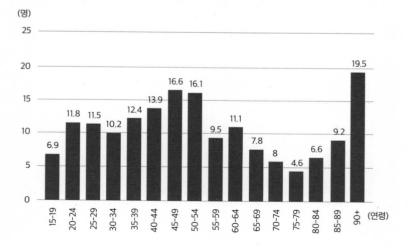

<도표 20> **영국의 연령별 10만 명당 자살률**

지속가능한 세상을 위한 통계 이야기

라와 비교해 크게 차이가 나지 않습니다. 하지만 30대부터는 다릅니다. 45-54세의 자살률이 가장 높은데, 이 경우에도 20명 정도입니다. 우리나라의 이 연령대 자살률은 30명이 넘습니다. 70대 이상의 자살률도 미국은 20명이 되지 않는데 우리나라는 50명 수준입니다. 영국은 전 연령대에 걸쳐 10만 명당 자살률이 20명 이하입니다. 그러나 10대와 20대를 보면 우리나라와 별 차이가 없습니다. 도표 자료는 수록하지 않았지만, 프랑스의 경우 70대 이상의 자살률이 영국이나 미국보다는 높지만 우리나라보다는 훨씬 아래입니다. 역시 10대와 20대의 자살률은 우리나라와 별 차이가 없고요. 결국 10대와 20대의 사망 원인 1위가 자살인 것은 사실이지만 우리나라의 자살률이 높은 것은 젊은 층의 자살 때문이 아니라 중장년층 이상의 자살률이 다른 나라에 비해 높기 때문임을 알 수 있습니다.

금융 위기로 인한 구조조정과 자살률

우리나라의 자살률이 이렇게 높아진 이유는 무엇 때문일까요?
〈표 21〉은 OECD 주요 국가의 10만 명당 자살률입니다. 대부분 10만 명당 열 명대입니다. 그런데 우리나라만 유독 23명으로 두 배입니다. 〈표 22〉를 보면 그 이유가 나타납니다. 1998년 이전

우리나라의 자살률은 다른 나라와 비슷했습니다. 그러다 1998년에 갑자기 21.7명이 됩니다.

1997년에 IMF 외환 위기가 일어났기 때문입니다. 당시 우리나라 대기업들은 외국에서 많은 돈을 빌려 기업을 운영하고 있었습니다. 이렇게 빌린 돈 중에는 오랫동안 천천히 갚는 빚(장기 차입금)도 있었지만 아주 급하게 갚아야 할 돈(단기 차입금)도 있었습니다. 당시 우리나라 기업들의 경우 단기 차입금 비중이 높았지요. 단기 차입금이라고 해도 이자만 제때 지불하면 기간을 연장해서 쓸 수 있었습니다. 단기 차입금은 장기 차입금보다 이자가 비쌌지만 당시 우리나라 대기업들은 신용도가 낮아 단기 차입금을 많이 쓸 수밖에 없었습니다.

그런데 동아시아를 중심으로 통화 위기가 발생하면서 세계 경제에 불안을 가져오게 되었습니다. 이에 우리나라 기업에 돈을 빌

IMF 외환 위기

IMF International Monetary Fund, 국제통화기금 는 환율과 국제 수지를 감시함으로써 국제 금융 체계를 감독하는 것을 위임받은 국제기구다. 대한민국의 IMF 구제금융 요청은 국가부도 위기에 처한 대한민국이 IMF으로부터 자금을 지원받는 양해각서를 체결한 사건이다. 1997년 12월 3일에 이루어졌다. 기업이 연쇄적으로 도산하면서 외환 보유액이 급감해 IMF에 20억 달러의 긴급 융자를 요청했다.

지속가능한 세상을 위한 통계 이야기

<**표 21**> **OECD 주요국 10만 명당 자살률**(명)

오스트레일리아	12.8
캐나다	11
핀란드	14.6
독일	9.5
일본	14.9
한국	23
네덜란드	10.6
폴란드	11.1
스페인	7
스웨덴	11.4
미국	14.5

출처: OECD

<**표 22**> **우리나라의 연도별 10만 명당 자살률**(명)

비율	10만 명당 비율
1985년	11.2
1990년	8.8
1998년	21.7
2000년	16.6
2003년	28.1
2005년	29.9
2010년	33.5
2015년	25.8
2019년	26.9

출처: OECD, 2019년 데이터는 중앙자살예방센터 자료

려줬던 외국 은행들이 빚을 갚으라고 요구했지요. 장기 차입금은 괜찮았지만 단기 차입금은 바로 갚아야 했습니다. 그런데 외국의 은행에서 달러로 빌렸기 때문에 갚을 때도 달러로 갚아야 했습니다. 이렇게 갑자기 달러가 빠져나가자 나라 전체에 외환(국제 결제 수단으로 사용되는 유동성이 높은 유가증권류. 외국환이라고도 한다)이 부족해졌고, 정부는 IMF에 구제금융을 요청하기에 이릅니다.

IMF는 돈을 빌려주는 대신 기업 구조조정 등의 요구를 합니다. 쉽게 말해, 돈을 빌려주겠으니 너희도 빚을 제대로 갚겠다는 모습을 보이라는 거죠. 나라 전체가 위기에 빠지면서 수많은 기업이 문을 닫거나 구조조정을 통해 직원 중 상당수를 해고하면서 근근이 버티던 시기였습니다. 그 과정에서 실업자가 대폭 늘어났고요.

경제적 위기가 닥치면서 이에 버티지 못한 사람들이 자살로 생을 마감하는 일들이 벌어졌습니다. 이런 현상은 특히 가정의 경제를 책임지던 40대 이상에서 두드러졌고, 이들 연령층에서의 자살률을 높인 이유가 되었습니다. IMF 위기가 어느 정도 극복된 2000년 이후에는 다시 자살률이 줄어들었습니다.

그런데 2003년에 다시 자살률이 20명대를 훌쩍 넘어섭니다. 바로 그 해 신용카드 대출 부실 사태가 터졌기 때문입니다. 1999년에 신용카드 현금서비스 한도가 폐지되면서 많은 사람이 신용카드를 몇 개씩 가지게 되었고, 신용카드를 통해 대출을 받기 시작했습니다. 카드 회사들도 경쟁적으로 카드를 발급했지요. 수입이 없는 대학생들에게도 신용카드를 발급해 주었습니다. 수입은 없는데 카드를 이용해 외상으로 물건을 사거나 빚을 지는 사람이 늘어나면서 결국 수백만 명이 더 이상 빚을 갚을 수 없어 신용불량자가 되고 말았습니다. 그 결과 다시 자살률이 늘어난 것입니다.

자살률은 2010년까지 가파르게 상승해 10만 명당 33명을 넘어서기에 이릅니다. 이후 조금씩 줄어들었지만 아직도 OECD 국가 전체로 보면 아주 높은 비율을 유지하고 있습니다.

자살은 개인의 문제라기보다 사회 문제

그렇다면 2010년 이후에도 계속 자살률이 높은 이유는 무엇일까요? 경찰청의 '2018년 자살 주요 동기 자료'를 보면 가장 많은 것은 정신적 문제였고, 두 번째가 경제 문제였습니다. 세 번째는 질병 때문이었지요. 가정 문제는 생각보다 자살에 큰 영향을 주지 않았습니다. 30대에서 60대 사이는 경제 문제로 인한 자살률이 가장 높았고, 61세 이상은 질병 문제로 인한 자살률이 가장 높았습니다.

우리나라 자살률이 높은 것이 30대 이상 연령층 때문이라는 걸 생각하면 경제 문제가 가장 크게 작용한다고 볼 수 있습니다. 61세 이상에서 질병 문제가 자살의 이유로 부각되지만, 이 또한 질병을 치료하고 질환이 있어도 인간다운 삶을 살아갈 수 있는 경제적 여유가 없는 측면이 큽니다. 노화가 진행될수록 몸은 약해집니다. 골다공증이나 고지혈증 등이 당연한 듯 따라붙고 근육도 꾸준히 손실됩니다. 면역체계도 약해져서 젊을 때는 감기 정도로 끝날 것이 폐렴으로 진행되기도 합니다. 이런 상황에서 경제적 여유마저 없으면 힘들게 삶을 이어 가기보다 그만 끝내고 싶은 생각이 들 가능성이 높은 거죠.

실제로 2020년 한국복지패널의 조사에 따르면, 저소득층의 자살생각률은 3.97%입니다. 일반 가구원의 경우는 불과 0.91%고요. 소득이 낮은 가구는 그렇지 않은 경우보다 네 배나 더 많이 자살을 생각한 것이지요. 또 서울대학병원 윤영호 교수팀이 조사한 바에 따르면, 월 소득 200만 원 미만인 사람은 월 소득 200만 원 이상인 사람에 비해 자살 충동률이 6배 이상 높게 나타납니다.

〈도표 21〉은 2021년 서울시에서 자살한 이들의 소득 수준을 의료보험 납입액으로 확인해 본 결과입니다. 의료급여 구간에서 소득이 가장 적은 구간의 자살률이 가장 높고 소득 수준이 올라갈수록 자살률이 감소하는 걸 볼 수 있습니다.

자살은 더 이상 개인의 문제가 아니라 사회의 문제라는 걸 보여 주는 통계라고 할 수 있습니다. 더구나 앞서 통계를 통해 경제적 위기가 닥칠 때마다 자살률이 높아졌음을 생각해 보면, 2010년 이후 계속 10만 명당 20명 이상의 사람이 자살을 한다는 건 가난

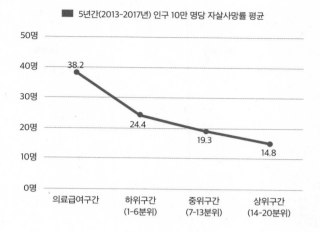

〈도표 21〉 **인구 10만 명당 자살사망률**

■ 5년간(2013~2017년) 인구 10만 명당 자살사망률 평균

한 사람들에게 경제적 위기가 지속되고 있다고 봐야 할 것입니다.

또 우리나라와 외국의 연구를 보면 사회의 불평등도와 자살률은 서로 비례합니다. 즉 불평등도가 높아질수록 자살률이 높아집니다. 많은 사람이 경제적 불평등 때문에 죽는 것보다 사는 것을 더 힘들어하는 사회가 지속가능한 사회일지 다시 한번 고민해 봅니다.

같이 이야기해 봅시다!

우리나라의 자살률이 높은 것은 상대적으로 나이가 많은 가난한 이들의 자살률이 높기 때문입니다. 자살률을 낮추기 위해 어떤 대책이 필요할까요?

주거 취약계층 노인들

우리나라 자살률이 높은 이유가 주로 나이 든 분들의 경제적 고통 때문임을 통계를 통해 살펴보았습니다. 하지만 숫자만 가지고 알 수 없는 가난한 노인들의 삶이 있습니다. 그중에서도 가장 심각한 것 중 하나가 주거 문제입니다. 낮 동안 일을 했든 수업을 들었든 아니면 놀았든 저녁이 되면 누구에게나 돌아가 잠잘 곳이 필요합니다. 그뿐이 아니죠. 집은 책상이나 침대, 식탁, 신발, 옷가지 등 내게 필요한 다양한 물품을 두는 곳이기도 합니다. 또 휴식을 취하고 식사를 하고 샤워를 하는 곳이기도 합니다.

그런데 가난한 노인 중에서는 이런 집이 없는 이들이 꽤 있습니다. 아예 거처할 곳이 없어 노숙하는 이들도 있지만, 노숙까지는 아니더라도 우리가 생각하는 집의 형태가 아닌 곳에 사는 이들도 많습니다. 고시원이나 쪽방에 사는 이들입니다. 같이 살 가족이 없거나 있어도 만나지 않거나 만나지 못하는 이들, 가진 재산이 월셋집의 보증금을 낼 형편도 되지 않는 이들입니다. 이들 중에는 안정적이진 못하지만 힘닿는 대로 일을 하는 이들도 있고, 질병이나 노환으로 일을 하지 못하는 이들도 있습니다. 대부분 한 달에 100만 원이 되지 않는 돈으로 생활을 하지요.

여러분은 학교가 끝나고 학원을 다니면서 또 독서실에 가서 혼자 공부를 하기도 할 것입니다. 그런데 공부를 하기 위한 시설에서 공부하지 않는 이들이 사는 곳이 있습니다. 바로 고시원이죠. 요사이는 '리빙텔'이라 이름 붙인 곳도 많더군요. 이런 곳에 1인용 침대가 전체 넓이의 절반을 차지하는 방 하나를 한 달에 15만 원에서 25만 원 정도 지불하고 사는 이들이 많습니다.

방의 한쪽 벽에는 바짝 붙여진 일인용 침대가 하나 있습니다. 발치에는 선반이 있어 소형 텔레비전이 있고 그 텔레비전 정도 크기의 냉장고가 선반 아래 놓여 있지요. 에어컨이 있는 경우도 있고 아니면 천장에서 찬바람이 나오는 경우도 있습니다. 한쪽에는 잠바며 옷가지 대여섯 개를 걸고 그 아래 속옷 등을 넣을 작은 옷장이 있습니다. 나머지 공간은 한 사람이 앉기에도 비좁습니다. 샤워장과 화장실, 부엌은 공용입니다. 한 층에 약 10-20개의 방이 있는데, 화장실 두세 개와 샤워 시설 한두 개 그리고 부엌 하나를 같이 써야 합니다. 벽은 합판 하나 정도로 얇아서 옆방에서 코 고는 소리가 들릴 정도입니다.

종로 4-5가, 서울역이나 대전역 등에 주로 있는 쪽방도 마찬가지입니다. 고시원 방 크기 정도의 방 하나를 한 달에 15만 원에서 25만 원 정도를 내고 살고 있지요. 이마저도 없는 이들은 매일 6000-7000원씩 내고 살기도 합니다. 쪽방촌에선 밥도 스스로 해결해야 합니다. 부엌이 없으니 전기밥통 하나와 부탄가스를 사용하는 휴대용 가스레인지를 방 안에 두고 식사를 해결합니다.

이들은 한 달에 100만 원이 되지 않는 돈 중 20만 원 정도를 고시원에서 지내는 비용으로 내고 나머지 돈으로 생활합니다. 대부분의 고시원이 밥(식사가 아니라 밥)은 제공합니다. 그러니 김치나 간단한 반찬을 사서 고시원이 제공한 밥을 먹는 것으로 식사를 해결합니다. 다들 건강 상태가 좋지 않으니 약값도 만만치 않게 들어갑니다. 또 일을 하러 가려면 차비도 필요하지요.

이런 상황에서 이들이 안정적인 거처를 확보하는 건 스스로의 힘으로는 불가능에 가깝습니다. 아니 이런 고시원이나 쪽방조차 한두 달 일을 못하게 되면 세를 낼 돈이 없어 나와야 할 경우도 많습니다. 나이가 들어 가난한 이유, 혼자 사는 이유는 노인마다 다르겠지만, 누구든 돈이 없다고 거처할 공간조차 없이 불안한 노후를 보내야 한다면 그 나라가 제대로 된 나라일까요?

글을 마치며

여러 가지 통계를 통해 우리 사회의 모습을 살펴보았습니다. 통계를 잘 살펴보면 우리 사회가 처한 현실과 다양한 현상을 더 깊이 이해할 수 있다는 걸 보여 주고 싶었습니다. 외국인에 대한 편견이 틀렸다는 걸 통계를 통해 볼 수 있었으면 했지요. 왜 백신을 맞아야 하는지, 백신이 왜 권리인 동시에 의무이기도 한지, 왜 열 명의 도둑을 놓쳐도 한 명의 억울한 사람을 만들면 안 되는지, 장애인이 숨은 그림이 되는 이유, 우리가 장래 어디서 어떤 일을 하게 되는지, 남녀평등은 어떻게 이루어질 수 있는지 등 다양한 문제를 통계를 통해 생각해 보았습니다.

하지만 통계가 모든 것을 보여 주는 것은 아닙니다. 그래서 글 끝에 '통계가 보지 못하는 것'이란 이야기를 달았습니다.

통계는 우리나라에서 산업재해로 사망하는 이들이 한 해 2000명이 넘는다는 걸 보여 줍니다. 그러나 그 통계에 잡힌 2000명 개개인의 삶을 보여 주진 못하지요. 어느 빌딩 공사장에서 하청업체 노동자로 일하다 추락한 이가 누구였는지, 그를 잃은 가족의 삶은

지속가능한 세상을 위한 통계 이야기

어떻게 되었는지를 보여 주지 못합니다.

우울증에 시달렸지만 제대로 된 정신과 치료를 받지 못하고 힘들게 견디다 스스로 목숨을 끊은 이가 누구인지 보여 주지 않고 또 그 가족과 친구들이 그 죽음을 어떻게 받아들이는지를 보여 주지 못합니다.

우리나라 노인들이 OECD 국가에서 가장 가난하다는 사실은 통계를 통해 알고 있지만, 추운 겨울 쪽방에서 살다 홀로 죽음을 맞이하고 그 시신은 결국 무연고 장례로 끝난 노인의 삶을 보여 주진 못합니다.

자식을 산업재해로 잃은 어머니가 그 죽음을 딛고 산업재해를 줄이기 위해 시민운동단체를 만들고 동분서주하고 있다는 사실 또한 알려주지 않습니다.

통계가 보여 주는 사회의 근본 문제를 파악하면서 동시에 통계가 보여 주지 않는 개인의 삶을 함께 살펴보고 싶었습니다.

참고도서

《거짓을 간파하는 통계학》, 가미나가 마사히로 지음, 서영덕·조민영 옮김, 윤출판, 2013.

《누워서 읽는 통계학》, 와쿠이 요시유키·와쿠이 사다미 지음, 권기태 옮김, 한빛아카데미, 2021.

《만화로 배우는 통계학》, 편집부 지음, 신은주 옮김, 비전코리아, 2019.

《만화로 쉽게 배우는 베이즈 통계학》, 타카하시 신 지음, 이영란 옮김, 성안당, 2018.

《만화로 쉽게 배우는 보건통계학》, 다큐 히로시·코지마 다카야 지음, 홍희정 옮김, 성안당, 2021.

《만화로 쉽게 배우는 통계학》, 타카하시 신 지음, 김선민 옮김, 성안당, 2018.

《만화로 아주 쉽게 배우는 통계학》, 코지마 히로유키 지음, 오시연 옮김, 지상사, 2018.

《새빨간 거짓말, 통계》, 대럴 허프 지음, 박영훈 옮김, 청년정신, 2004.

《세상물정의 물리학》, 김범준 지음, 동아시아, 2015.

《세상에서 가장 쉬운 통계학입문》, 코지마 히로유키 지음, 박주영 옮김, 지상사, 2009.

《세상에서 가장 쉬운 베이즈통계학 입문》, 코지마 히로유키 지음, 장은정 옮김, 지상사, 2017.

《세상에서 가장 재미있는 통계학》, 울코트 스미스 지음, 전영택 옮김, 궁리, 2021.

《수학은 어렵지만 확률·통계는 알고 싶어》, 요비노리 다쿠미 지음, 이지호 옮김,

지속가능한 세상을 위한 통계 이야기

한스미디어, 2021.

《숫자에 약한 사람들을 위한 통계학 수업》, 데이비드 스피겔할터 지음, 권혜승·
　김영훈 옮김, 웅진지식하우스, 2020.

《스토리가 있는 통계학》, 앤드류 빅커스 지음, 이근백 외 옮김, 신한출판미디어,
　2021.

《우연의 과학》, 다케우치 케이 지음, 서영덕·조민영 옮김, 윤출판, 2014.

《이렇게 쉬운 통계학》, 혼마루 료 지음, 안동현 옮김, 한빛미디어, 2019.

《처음 시작하는 만화 통계학》, 오오가미 타케히코 지음, 정세환 옮김, 반니,
　2020.

《청소년을 위한 사회문화 에세이》, 구정화 지음, 해냄, 2014.

《통계랑 내 인생이 무슨 상관이라고》, 김영진 지음, 책숲, 2018.

《통계 속의 재미있는 세상 이야기》, 구정화 지음, 휴먼컬처아리랑, 2014.

《통계에 담긴 진짜 재미있는 경제》, 유병규 지음, 매경출판, 2012.

《통계와 확률의 원리》, 일본뉴턴프레스 지음, 강금희 옮김, 아이뉴턴, 2014.

《통계의 거짓말》, 게르트 보스바흐·옌스 위르겐 코르프 지음, 강희진 옮김, 지브
　레인, 2019.

《통계적으로 생각하기》, 유리 브람 지음, 김수환 옮김, 현암사, 2016.

《통계학 도감》, 쿠리하라 신이치·마루야마 아츠시 지음, 김선숙 옮김, 성안당,
　2018.

《통계의 미학》, 최제호 지음, 동아시아, 2007.

《통계학을 떠받치는 일곱 기둥 이야기》, 스티븐 스티글러 지음, 김정아 옮김,
　프리렉, 2016.

《흥미로운 베이지안 통계》, 윌 커트 지음, 윤정미 옮김, 에이콘출판, 2021.

《한국 아동청소년 인권실태 연구》1-6권, 김영지 외 지음, 한국청소년정책연구원.

이미지 출처